I0822031

L'EUCHARISTIE
AU CŒUR DE L'ÉGLISE
ET POUR LA VIE DU MONDE

CAHIERS DE LA REVUE THÉOLOGIQUE
DE LOUVAIN
36

André HAQUIN (éd.)

L'EUCHARISTIE AU CŒUR DE L'ÉGLISE ET POUR LA VIE DU MONDE

Publications de la Faculté de Théologie
Louvain-la-Neuve
2004

LIBRAIRIE PEETERS
GRAND-RUE 56
B-1348 LOUVAIN-LA-NEUVE

Dépôt en France:
«LA PROCURE»
3, RUE DE MÉZIÈRES
F-75006 PARIS

FACULTÉ DE THÉOLOGIE
45 GRAND-PLACE
B-1348 LOUVAIN-LA-NEUVE

ISSN 0771-601
ISBN 90-429-1539-0 (Peeters Leuven)
ISBN 2-87723-829-6 (Peeters France)
D. 2004/0602/141

Préface

La présente publication a vu le jour dans le cadre du jubilé du 750e anniversaire de l'institution de la Fête-Dieu au diocèse de Liège en 1246. C'est à cette date que l'évêque Robert de Thourotte décida d'officialiser dans le calendrier liturgique une fête consacrée à l'eucharistie. Il répondait aux instances de Julienne de Cornillon, mystique et religieuse liégeoise, convaincue qu'il fallait valoriser le sens de l'eucharistie et de la communion au Christ par une fête annuelle.

Fêter un anniversaire est une chose ; en comprendre l'actualité en est une autre. C'est pourquoi, en 1996, l'évêque de Liège, Mgr Albert Houssiau, a voulu qu'une étude soit consacrée à l'eucharistie « au cœur de l'Église et pour la vie du monde ». Ce titre souligne un double aspect : l'importance de l'eucharistie pour la communauté des chrétiens d'abord, pour le monde d'aujourd'hui ensuite. En effet, « l'Église vit de l'eucharistie »[1], celle-ci est « la source et le sommet de toute la vie chrétienne »[2]. « En tant qu'action du Christ et du peuple de Dieu ordonné hiérarchiquement, elle est le centre de toute la vie chrétienne (…). En elle culminent l'action par laquelle Dieu sanctifie le monde par le Christ et le culte que l'humanité rend au Père, en l'adorant par le Christ, dans l'Esprit Saint »[3]. En unissant l'humanité à Dieu, l'eucharistie construit le peuple de Dieu, elle en fait le témoin d'une humanité réconciliée ; elle est aussi le sacrement du bonheur du monde, en établissant l'amour comme base de toutes les relations, à la suite du Christ, mort et ressuscité par amour de l'humanité. « Dans l'événement pascal et dans l'eucharistie qui l'actualise au cours des siècles, il y a un contenu vraiment énorme, dans lequel est présente toute l'histoire en tant que destinataire de la grâce de la rédemption (…). Même lorsqu'elle est célébrée sur un petit autel d'une église de campagne, l'eucharistie est toujours célébrée, en un sens, sur l'autel du monde »[4].

---

[1] *L'Église vit de l'eucharistie*. Lettre encyclique du pape Jean-Paul II, § 1, Paris, 2003.

[2] Concile œcuménique Vatican II, *Lumen gentium*, § 11.

[3] *Présentation générale du missel romain*, § 1 (dans l'édition revue de 2000, § 16).

[4] *L'Église vit de l'eucharistie*, § 5.

Sous l'égide de la Commission interdiocésaine de pastorale liturgique (CIPL), dirigée par l'abbé Ghislain Pinckers, différents spécialistes de l'eucharistie, originaires des diverses régions de Belgique, se sont réunis et se sont répartis la tâche. Le présent ouvrage rassemble leurs apports. Il est publié conjointement en néerlandais[5] ; les deux recueils comportent des textes communs et des textes propres.

La première partie est centrée sur la compréhension de l'eucharistie, depuis le repas pascal du Christ jusqu'à son actualisation dans l'assemblée eucharistique après Vatican II. On y relèvera d'abord l'importante contribution de Mgr Albert Houssiau sur le Repas du Seigneur, tant dans les évangiles que chez Paul. André Goossens, professeur au Séminaire d'Anvers, analyse quant à lui les sources juives de l'eucharistie. Ensuite trois contributions illustrent les développements actuels de la théologie de l'eucharistie. André Haquin, professeur à l'UCL, développe la dimension symbolique et montre la richesse de la dimension liturgique ; il termine de manière pédagogique en proposant aux communautés de travailler certaines questions de base pour approfondir leur compréhension et leur pratique de l'eucharistie. Paul De Clerck montre la nécessité de concevoir l'eucharistie plus largement qu'en simples termes de « présence du Christ ». Enfin, Ghislain Pinckers, président de la CIPL, analyse le contenu de la prière eucharistique et compare les différents formulaires existants pour en montrer la structure profonde.

La deuxième partie approfondit le vécu concret de l'eucharistie dans le peuple chrétien aujourd'hui. Peter D'Haese, secrétaire de la Commission interdiocésaine de pastorale liturgique pour les diocèses néerlandophones (ICLZ) fait un état des lieux des pratiques liturgiques actuelles concernant l'eucharistie. Leon Lemmens (Hasselt) examine l'enjeu de la réforme liturgique instaurée par le Concile Vatican II. Dieudonné Dufrasne, moine de Clerlande, montre le dynamisme que cette réforme a apporté à la célébration. Josef Lamberts, professeur à la KULeuven, souligne l'importance des différents ministères et de la participation active des fidèles. Michel T'Joen, prêtre du diocèse de Gand, montre combien l'eucharistie contribue à constituer la communauté des chrétiens. Paul Pas, prêtre du diocèse d'Anvers, dégage le lien essentiel entre eucharistie et engagement pour la justice.

---

[5] *De eucharistie in het hart van de Kerk en voor het leven van de wereld*, éd. par Peter D'Haese et Josef Lamberts, Leuven, Acco, 2003.

Enfin, la dernière partie analyse l'impact de l'eucharistie sur la spiritualité chrétienne. Jean-Pierre Delville, professeur à l'UCL, montre le rôle d'une femme, Julienne de Cornillon, dans la compréhension de l'eucharistie et, en particulier, dans la valorisation de la communion au Christ, au point qu'elle promeut une fête liturgique à cette fin : la Fête du Saint-Sacrement du Corps et du Sang du Christ, ou Fête-Dieu. Enfin, Jean-Marie Hennaux, professeur à l'IET (Bruxelles), présente l'enjeu de l'adoration eucharistique dans le monde d'aujourd'hui.

C'est avec un sentiment de gratitude que nous présentons aujourd'hui au public le travail des différents auteurs qui ont contribué à cette publication. Chacun a donné le meilleur de lui-même. Les évêques de Belgique ont voulu que ce travail soit édité dans les deux langues nationales et présenté simultanément aux deux communautés linguistiques principales de notre pays. Il permettra à tous les chrétiens qui le désirent d'y trouver un instrument de travail pour vivre l'année pastorale 2004-2005, *Appelés à célébrer : la liturgie au cœur de la foi*. Ces études qui reflètent l'ensemble des éléments de l'eucharistie permettront à chacun de la vivre en profondeur et avec ferveur.

J.-P. DELVILLE

Première partie
Comprendre l'eucharistie

Le Repas du Seigneur selon le Nouveau Testament

Mgr A. HOUSSIAU

I. DE NOS EUCHARISTIES À LA CÈNE PRIMITIVE

1. *Nos eucharisties*

Chaque dimanche, la communauté chrétienne se rassemble en un lieu pour faire mémoire de la mort et de la résurrection du Christ, comme Jésus nous a dit de le faire.

Cette action symbolique répétée se déroule au sein d'une assemblée qui sert de relais régulier à une communauté qui demeure. L'articulation des rôles manifeste la structure sacramentelle de l'Église : l'évêque, les prêtres, le diacre, les baptisés-confirmés sont diversement mais solidairement engagés.

La parole adressée par l'Église à Dieu est structurée comme toute prière juive et chrétienne : une commémoraison reconnaissante de l'action et des dons de Dieu et une supplication confiante dans la fidélité de Dieu à l'égard de son Peuple. Dans l'eucharistie, la mémoire culmine dans l'évocation du mystère de la mort et de la résurrection de Jésus et la supplication porte sur l'avenir de l'Église et des fidèles en vue de l'Avènement du Seigneur.

La prière est insérée dans une action rituelle, car elle est dite sur le pain et la coupe de vin apportés par les fidèles, sanctifiés pour devenir corps et sang du Christ et reçus par les fidèles pour devenir eux-mêmes un seul corps et un seul esprit dans le Christ.

2. *La Cène ancienne*

Dès le 2e siècle, les paroles et les gestes de Jésus à la Dernière Cène sont insérés dans une large prière d'action de grâce et de supplication. Mais il n'en était pas ainsi dans les premières cènes chrétiennes, telles que nous les font connaître les notices primitives de célébration, qui se réfèrent à la fois à la Dernière Cène de Jésus et à la Cène primitive de l'Église. En effet, l'une et l'autre consistaient en un repas fraternel entouré ou clôturé par des gestes symboliques et de brèves paroles de bénédiction et de supplication.

La célébration actuelle ne peut néanmoins se comprendre qu'à la lumière de la Dernière Cène et de la Cène primitive, au-delà des transpositions que l'Église a opérées avec une constante volonté de fidélité au Seigneur. L'Église y cherche les normes originelles et centrales pour la liturgie et la théologie du grand Mystère de la foi.

3. *Terminologie*

Le Nouveau Testament désigne la célébration eucharistique par les termes : *Cène / Repas du Seigneur* (*kuriakon deipnon,* 1 Co 11,20 ; littéralement *Repas seigneurial*) ; *Fraction du pain* (*klasis tou artou,* Lc 24,35 ; Ac 2,42 : néologisme ; cf. Lc 24,30 ; 1 Co 10,16 ; cf. Ac 2,46) ; *la coupe de bénédiction que nous bénissons* et *le pain que nous rompons* (*to potérion tès eulogias o eulegomen, o artos on klômen,* 1 Co 10,16).

Aux environs de l'an 100 apparaissent les termes *eucharistia, eucharistein* (rendre grâce, remercier) pour désigner la prière par laquelle le pain et le vin deviennent *eucharistia* ou bien l'ensemble du rite : IGNACE D'ANTIOCHE, *Eph.*, 13,1 : *Phil.*, 4,1 ; *Smyrn.*, 7,1 ; (*eucharistia kai proseuchè*) ; 8,1 ; *Didaché*, 9,1 et 5 ; cf. 10,1 ; 14,1 (*klan ton arton kai eucharitein*) ; JUSTIN, *1 Apol.*, 66,1 ; IRÉNÉE DE LYON, *Adv. haer.*, IV, 18,5 ; *Lettre à Victor.*

Le terme *faire en ma mémoire* rapporte les paroles de Jésus, proclamées dans la Cène chrétienne (1 Co 11,24-25 ; Lc 22,19), mais *anamnèsis* (mémoire) ne désigne pas pour autant la célébration elle-même, pas même au 2e siècle (JUSTIN, *Dial.*, 41,1).

Enfin, le terme *sacrifice* (*thusia*) apparaît la première fois vers 100 : *Didachè*,14,1-3 désigne ainsi l'action de grâce liée à la fraction du pain, en se référant au sacrifice pur annoncé par Ml 1,11. Dès le dernier quart du 2e siècle, la prière-action eucharistique est désignée par *sacrifice, offrande de l'Église* (*thusia, prosfora*) ainsi que par *eucharistia* (également pour les dons eucharistiques); cf. JUSTIN, *Dial.*, 40-41 ; 116-117 ; IRÉNÉE, *Adv. haer.*, IV, 18,1 ; *Tradition apostolique*, 4 : l'évêque offre les dons de la sainte Église).

Le terme *pascha* concerne l'Eucharistie par transposition typologique, en ce sens que la Cène chrétienne remplace le repas pascal dans l'attente de la venue (Lc 22,15-18). Cette interprétation théologique se base sur la péricope de la préparation de la Pâque (Mc 14,12-17 et par.), qui annonce la Dernière Cène faite au cours d'un repas pascal.

II. La Cène du Seigneur

1. *Les notices de la célébration primitive*

La notice primitive nous est parvenue sous quatre formes. Mc 14,22-25 et par. l'insèrent dans le récit de la Passion. En 1 Co Paul rapporte une « tradition qui lui a été transmise à partir du Seigneur », comme il réfère ailleurs à la « tradition » de la confession primitive (1 Co 15,1-7). Elles se ramènent à deux versions : la version marcienne et la version paulinienne. Les variantes propres à Mt et à Lc sont rédactionnelles ; en particulier, la première coupe s'explique chez Luc par son interprétation de l'eucharistie comme nouvelle Pâque.

La notice forme un tout, qui était à l'origine indépendant de la narration de la Passion et de la péricope sur la préparation de la Pâque (Mc 14,12-17 et par.). La déclaration eschatologique sur la coupe du Royaume (Mc 14-25 et par.) n'appartient probablement pas à cette notice de la Cène et elle ne peut s'appliquer directement à l'eucharistie, car elle semblerait la déprécier, sinon dans la version secondaire de Lc, qui la place entre la coupe pascale et la coupe eucharistique.

La précision des seules données rituelles et le vocabulaire (prendre, bénir, rendre grâce, briser, donner) dénotent le besoin communautaire pour lequel elle a été rédigée, à savoir l'ordonnance liturgique de la Cène ecclésiale. Certaines différences entre les deux traditions témoignent d'ailleurs de l'évolution de cette célébration ; ainsi chez Mt et Mc et même chez Lc, le rite sur la coupe eucharistique suit immédiatement celui sur le pain.

La tradition rapportée par Paul vers des années 48-50, remonte probablement à une tradition de l'Église d'Antioche que Paul a quittée vers 46. La version marcienne peut provenir de l'Église de Césarée. Les sémitismes de l'une et l'autre version plaident pour une origine commune dans la communauté de Jérusalem en la première décennie après la mort du Christ.

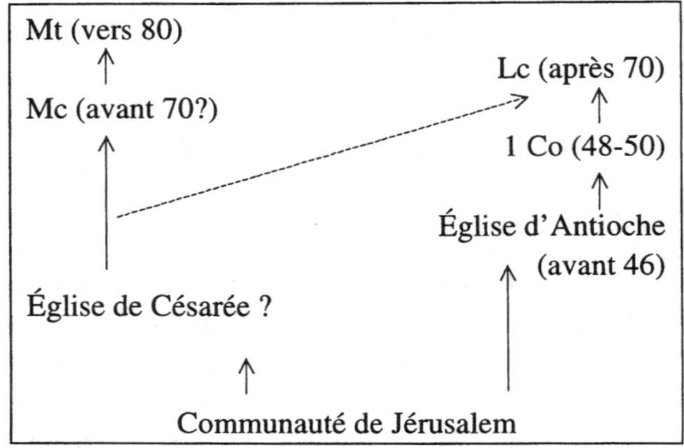

Schéma de la transmission

Les notices liturgiques de Mc et de 1 Co informent donc à la fois sur la dernière Cène de Jésus la veille de sa Passion et sur la Cène de l'Église primitive de Jérusalem ainsi que sur la manière dont elle est célébrée et comprise dans les Églises de la gentilité, entre 45 et 80.

L'indication « la nuit où le Seigneur Jésus fut livré » fournit l'explication la plus plausible de l'événement dont l'eucharistie prit son origine et donne la clé la plus fondamentale pour son interprétation.

2. *Le rite ancien repris dans la Cène*

Selon les deux versions, les gestes et paroles eucharistiques encadrent le repas ou se situent au cours du repas :

Mc	1Co
Pendant le repas : - Bénédiction, fraction du pain, distribution + parole signifiante de Jésus - Action de grâce sur la coupe + parole signifiante de Jésus	 - Action de grâce, fraction du pain + parole signifiante de Jésus - le repas - Action de grâce sur la coupe + parole signifiante de Jésus

L'analyse de la notice décèle la reprise d'un rite juif et sa transposition par Jésus et par la communauté primitive à sa suite.

Il est vrai que le récit de la passion, dans lequel la notice est insérée par les Synoptiques, considère que la Dernière Cène a lieu au cours d'un repas pascal (Mc 14,12-17 et par.). Mais Jn 19,14.31.34 situe la mort du Christ à la Préparation de la Pâque, au moment où les juifs sacrifiaient l'agneau pascal. La Dernière Cène fut *peut-être* un repas pascal, ce qui expliquerait certains détails extérieurs à la notice liturgique : préparation de la Pâque, repas nocturne, hymnes à la fin du repas, trempage du pain. Mais le rite repris dans la notice n'est autre que celui des repas habituels ou des repas d'une fraternité.

– La bénédiction du pain (cf. 1 Co 10,16)

Le rituel des bénédictions (*Berâkôt,* 6 ; *Talmud* correspondants et les rituels juifs du moyen âge) permet de reconstituer l'ordre suivant :

Le père de famille élève le pain, prononce pour tous la bénédiction (*bârèk*):

Tu es béni (bârûk), Seigneur, notre Dieu, roi de l'univers, Toi qui fais sortir le pain de la terre.

Tous répondent *Amen.*

Puis le père détache pour chaque convive un morceau de la taille d'une olive et le leur donne.

Finalement, le père rompt pour lui-même et, en mangeant, donne aux convives le signal de manger leur part.

Bénir consiste à reconnaître (en disant *bârûk*...) que tous les biens dont on jouit – la vie, la santé, la nourriture – viennent de Dieu : *Lorsque tu mangeras et te rassasieras, tu béniras le Seigneur, ton Dieu, pour le bon pays qu'il t'a donné* (Dt 8,10). « *Barûk,* béni » qualifie ici Dieu comme source du bienfait (*berâkâh*). Cette bénédiction se comprend au sein de l'Alliance de Dieu avec Israël. En bénissant les fruits de la terre avant d'en user, l'Israélite reconnaît la bénédiction constante de Dieu à l'égard d'Israël ; sans cette reconnaissance, la bénédiction se retire de lui (Ps 109,17). Cet usage s'est maintenu dans l'Église, hors de l'eucharistie : par la bénédiction ou l'action de grâce, toute nourriture est sanctifiée (1Tm 4,3-5 ; Ro 14,6 ; JUSTIN, *1 Apol.*,13). La bénédiction qui est dite au nom de tous, est appropriée par les convives par l'*Amen* (Ne 8,6 ; doxologie finale des Ps 41, 72, 89, 106 ; cf. 1 Co 14,16), qui les confirme dans l'Alliance (cf. *Qumrân*, 1QS, 1,20 ; 2,10-18).

Le rite (*bénédiction, fraction du pain*) est donc un rite, c'est-à-dire un geste symbolique répété sur un pain prélevé sur le repas, pour reconnaître le Dieu de l'Alliance (*notre* Dieu), rester en sa bénédiction et former ainsi la communauté religieuse (la famille ou la fraternité, *habûrâh*).

– La coupe de bénédiction (cf. 1 Co 10,16)

Selon le rituel juif (*Seder rab Amra Gaon),* à la fin du repas, le père de famille reçoit la coupe, l'élève à la largeur d'une main au-dessus de la table et prononce pour tous la bénédiction du repas (*birkat-hamâzôn*). Celle-ci comportait probablement au temps de Jésus trois moments :

- *bénédiction* (*barûk*) sur le repas;
- *action de grâce* (*nôdéh leka*) pour les bienfaits de l'alliance;
- *supplication* (*rahèm*) pour Jérusalem.

Aux jours de fête (p. ex. lors du repas pascal), on y insère (plus récemment ?) dans la troisième prière un développement :

« Que monte et arrive notre souvenir, ... le souvenir du Messie, le souvenir de Jérusalem... devant Toi... pour notre salut et notre bien » (*Haggada de Pâque).*

Il n'est pas indiqué que les convives buvaient à la même coupe.

La coupe symbolise ainsi le salut ou l'Alliance (cf. Ps 116,13) ; de même, les quatre coupes du repas pascal (cf. *Pesahîm*, 10 et la référence tardive à Ex 6,6-7 : la liberté, le salut, la rédemption et l'élection). La prière est donc plus qu'un remerciement pour le repas, mais fait du repas et en particulier du repas pascal une vraie liturgie. Celle-ci comporte les deux faces caractéristiques de la prière juive : action de grâce pour les bienfaits reçus par Israël et supplication pour que Dieu les continue pour Israël. Pareille prière procède d'une vision de la présence active de Dieu dans toute l'histoire du Peuple.

Ces prières juives sur le pain et sur la coupe ont été transposées dans le rituel chrétien (probablement eucharistique) de la *Didachè* (9-10), mais dans un ordre inverse pour la coupe et le pain : action de grâce sur la coupe, puis sur le pain rompu, repas, action de grâce pour la nourriture et le breuvage spirituels donnés par Jésus et supplication pour l'Église.

3. *Les gestes et paroles prophétiques de Jésus*

La notice sur la Cène incorpore aux gestes rituels qui entourent le repas juif ce que Jésus a dit aux Douze « la nuit où il fut livré ». Les paroles signifiantes sur le pain et la coupe prennent tout leur sens dans cette situation. Leur portée se comprend bien dans l'atmosphère qui dut animer le repas d'adieu en ces jours avant Pâques (qu'il fut pascal, comme l'annoncent Mt et Mc et comme le décrit Lc ; ou non, selon Jn 19,14.31.34 pour qui le Christ *meurt* au moment de l'immolation des agneaux de la Pâque). Elles sont formulées d'une manière plus ou moins semblable aux paroles significatives sur l'agneau pascal, les herbes amères et le pain azyme : *L'agneau est la misère...* (*Sifré Dt,* 130). Mais le style de la parole de Jésus peut être simplement prophétique : *parce que Dieu a passé par dessus...* (*Pesahîm,* 10,5) , « *Ceci, pain de la misère* » (*Sifré Dt,* 130. Mais le style de la parole signifiante de Jésus peut être simplement prophétique ; cf. Ez 5,5 : *Cela, Jérusalem*).

La parole et le geste avec le pain (et non seulement la chose qui est là) constituent les deux faces d'un symbole. Ils révèlent prophétiquement la portée salvifique des événements impénétrables qui vont survenir : le Fils de l'homme est *livré* aux mains des impies (cf. Da 3,32 ; Mc 9,31 ; 14,41). Jésus agit à la manière des prophètes (cf. Jr 19,10-12 ; Ez 4,1-17 ; 5,1-5) en joignant une parole à la fraction du pain et à la bénédiction de la coupe. La portée première est donc celle d'une annonce symbolique.

Le geste et la parole sur le pain annoncent la mort salutaire : *mon corps pour vous* (1 Co), *mon corps donné pour vous* (Lc). Comment le pain brisé et donné est-il symbole de la passion ? Certains (J. Dupont) estiment que la fraction représente la mort dramatique du Christ, comme l'interprètent certaines variantes de 1 Co 11,24 : *corps brisé* ou *broyé* (cf. Is 53,5.10). D'autres (J. Betz) retiennent dans le geste de donner non pas le don « à vous », mais l'abandon de la vie « pour vous », c'est-à-dire l'abandon du Serviteur qui se tient parmi les disciples (cf. Lc 22,24-27) et qui est livré à la mort pour nous (cf. Is 53 ; *paradidômi* ; *uper/anti umôn/pollôn* dans le N.T., en particulier Mc 10,45). Pour d'autres, enfin (J. Jeremias), le pain remplace l'agneau pascal, par le sang duquel est libéré le peuple. Mais rien ne réfère plus au repas pascal dans la notice originelle de 1 Co – Mc ; par ailleurs, le thème du sang protecteur de l'agneau pascal ne peut se confondre avec celui du Serviteur, qui obéit comme un agneau livré pour tous et exalté après l'épreuve (cf. Is 53,7 ; Jr 11,19 ; Jn 1,29 ; Ac 8,32 ; Ap 5,6.12-13).

Notons enfin deux versions de la parole sur le pain : *sôma - corps* (Mt, Mc, Lc, 1 Co) ou *sarx - chair* (Jn 6,51b ; IGNACE, *Smyrn.*, 7,1). *Sôma (*hébr. *gûfâh)* peut évoquer la mort, tandis que *sarx (*hébr. *bâsâr)* évoque plutôt ce qui nourrit la vie (Jn 6,51-58) ; par ailleurs, le binôme *sôma - aima* ou *sarx - aima* (*bâsâr - dâm*) pourrait évoquer un sacrifice ou l'immolation de l'agneau pascal. En tout cas, la communauté bilingue a estimé que *sôma* traduisait le mieux le terme sémitique ; or *sôma* convient mieux pour évoquer la mort du Christ que *sarx* (cf. Mt 26,12 ; 27,52 ; Mc 14,8 ; 15,43).

Le geste sur la coupe est accompagné d'une parole comportant différents motifs. Ceux-ci sont autrement disposés selon les deux versions de la tradition.

Mc	**1 Co**
Ceci (la coupe) est... de l'alliance Ceci est mon sang de l'alliance Mon sang versé pour beaucoup	Cette coupe (est) l'alliance nouvelle L'alliance en mon sang

Deux thèmes indépendants y sont combinés : l'alliance et la réconciliation (*versé pour beaucoup*). Leur conjonction ne s'explique que par le fait de la mort du Christ (*mon sang*), qui est proclamée dans le kérygme ; les divers thèmes vétérotestamentaires sont sélectionnés et rassemblés en vertu de la portée salvifique de ce fait.

La coupe de l'alliance en mon sang : les bienfaits que Dieu octroie fidèlement en vertu de l'alliance étaient symbolisés par la coupe de bénédiction (cf. ci-dessus, p. 4-6). Ils consistent maintenant dans la mort du Christ : *en mon sang, le sang versé pour beaucoup.* La prophétie manifeste le paradoxe du salut par la mort du Christ. Dieu conclura l'alliance dans les événements de la passion.

Il est contre-indiqué d'expliquer le caractère pénible de la *coupe* en faisant appel au thème de la coupe de la colère divine (p.ex. Is 51,17-22), car le N.T. ignore pareille colère de Dieu qui s'abattrait sur le Christ. Il s'explique au contraire par le thème martyrologique juif (*Mart. d'Is.*, 5,13) ou par la symbolique utilisée par Jésus à propos de l'épreuve de la passion et du martyre (Mc 10,38 ; 14,36 ; Jn 18,11).

L'application du thème de l'alliance à la mort du Christ a son lieu originel dans la célébration eucharistique. Il est développé différemment chez Paul et chez Marc.

Mc ordonne littéralement la parole signifiante sur la coupe en parallèle à celle sur le pain. Ceci dénote l'influence de la célébration où les deux gestes se suivaient immédiatement. Par ailleurs, Mc décalque aussi le récit d'entrée dans l'alliance au Sinaï (Ex 24,8) : comme Moïse projette le sang sur le Peuple, le Christ donne la coupe à tous pour qu'ils en boivent. La parole est d'ailleurs parallèle à la formule d'Ex 24,8 (cf. He 9,20 : *Ceci est le sang de l'alliance que...*). Dieu a conclu l'alliance par la mort du Christ et les chrétiens y entrent en buvant à la coupe eucharistique (cf. p. 10-14).

1 Co qualifie la mort du Christ de *nouvelle alliance*, comme celle annoncée par Jr 31,31-34. La nouveauté annoncée par Jr n'implique pas une immolation ni le versement du sang, mais consiste dans l'intériorité de la Loi. La mort du Christ remplace l'alliance du Sinaï, car la foi au Christ crucifié remplace l'observance littérale de la Loi (cf. 2 Co 3,6).

L'Épître aux Hébreux combine Jr 31,31-34 et Ex 24,8 ; elle ne réfère pas explicitement à l'eucharistie et développe l'aspect sacrificiel de la mort du Christ, prêtre parfait (He 7,22 ; 8,7 – 10,18 ; 13,20).

Le sang versé pour beaucoup : les expressions *versé pour beaucoup* réfèrent à la prophétie du Serviteur souffrant (Is 53,12). Les souffrances portées par le Serviteur le sont pour tout le peuple (*rabbîm*, *polloi*), en particulier pour ses péchés. *Versé*, *ekchunomenon* est un terme sacrificiel (*verser le sang sur l'autel*, hébr. *spk*, cf. Lv 4,7.18.25) ; mais cela réfère plutôt au dépouillement évoqué par Is 53,12 (*se vider jusqu'à la mort*, hébr: ni *'rh*; cf. Ps 141,8) à propos de l'épreuve du Serviteur (cf. *ekenôsen*, Ph 2,7-8). Mt ajoute *pour la rémission des péchés*, car il la réserve au Christ (Mt omet cette formule à propos du baptême de Jean, cf. Mc 1,4). Le thème provient du kérygme prépaulinien, mais peut aussi s'expliquer directement par Is 53,12.

Le geste prophétique de Jésus annonçait l'épreuve mais probablement également la délivrance (cf. l'annonce de la mort et de la résurrection, Mc 9,31). Si le verset sur la coupe du Royaume (Mc 14,25) ne fait pas partie du récit normatif de la Cène, il renseigne cependant sur le repas d'adieu. Il contient une prophétie sur la gloire prochaine, soit que Jésus se désiste de la coupe (*je ne bois pas*) en se réservant pour la coupe du Royaume, soit qu'il annonce sa mort (*je ne boirai plus*) et sa glorification imminente. Ce verset eschatologique témoigne en tout cas de l'attente assurée de la gloire.

Même si la Dernière Cène ne fut peut-être pas un repas pascal, le repas d'adieu pris à la veille ou l'avant-veille de la Fête de la délivrance d'Israël devait baigner dans une atmosphère pascale. Ceci rend plausible la double référence à l'épreuve et à la glorification. On évoquait en effet au cours du repas pascal les quatre nuits : le passage des ténèbres à la lumière, la naissance ou la délivrance d'Isaac, la libération de l'Exode et la nuit où le Seigneur lui-même viendra libérer son peuple (*Poème des Quatre nuits,* dans *Targum Neofiti*, Ex 12,42).

4. *Le rite nouveau*

En accomplissant le rite juif dans la nouvelle fraternité, l'Église primitive y ajoutait la nouvelle signification donnée par Jésus la veille de sa passion. En étant évoquées avec ce rite, la passion et la mort du Christ étaient situées dans toute l'histoire de l'Alliance depuis la création jusqu'à l'avènement final (cf. p. 4-6). Par ailleurs la parole prophétique était en même temps incluse dans un rite, c'est-à-dire dans un symbole répété et donc opératoire. Dorénavant elle n'était pas seulement une annonce de l'Événement de salut, mais un rite de participation à cet Événement ; en outre, cette répétition opérante était répétée sur l'ordre donné par Jésus lui-même lors du dernier repas avec les Douze.

La Cène primitive avait gardé une certaine asymétrie, comme dans le rite juif du repas : la courte bénédiction sur le pain est accompagnée d'une brève parole de Jésus ; après le repas, la grande *Bénédiction du repas* est suivie de la parole plus développée de Jésus.

Selon le rite juif, il allait de soi que les disciples mangent du pain sur lequel Jésus avait dit la bénédiction, mais le rite ne prescrivait pas de boire à la seule coupe sur laquelle avait été prononcée la bénédiction du repas, alors que le notent les deux versions.

Il n'est pas évident que Jésus ait donné un sens symbolique au fait que les disciples mangent et boivent, en ce sens qu'*être mangé* signifiât sa mort (A. Descamps). Par ailleurs, il se peut que Jésus ne bût pas lui-même de la coupe avec les disciples (J. Jeremias, selon Mc 14,25; cf. ci-dessus p. 7-10) ; le thème martyrologique *boire de la même coupe que Jésus* (Mc 10,38-39) n'a d'ailleurs pas de connotation eucharistique.

Les deux versions de la tradition insistent cependant sur le *manger* et le *boire* des disciples et en soulignent même la portée rituelle de participation (cf. *koinônia*, 1 Co 10,16) :

Mc : *prenez ; ils en burent tous*

Mt : *prenez, mangez ; buvez-en tous*

Lc : *Faites ceci en ma mémoire*

1 Co: *Faites ceci en ma mémoire ; faites ceci, chaque fois que vous boirez, en ma mémoire.*

Mc note que *tous* burent de *cette* coupe et il éclaire ensuite cela par la parole signifiante de Jésus, rédigée à la manière d'Ex 24,8 (cf. p. 7-10). Il laisse entendre que le rite de *boire à la coupe* permet d'entrer dans l'alliance, comme le Peuple y entra en étant aspergé du sang de l'alliance.

Mt achève le parallélisme entre les deux paroles-gestes eucharistiques en transformant la notation de Mc *ils en burent tous* en ordre de Jésus et il place celle-ci avant la parole signifiante pour corriger ce qui lui paraissait illogique chez Mc.

La tradition citée par Paul et reprise par Lc donne explicitement l'ordre de réitérer, à la manière de la formule juive instituant un rite : *Faites ainsi* (Nb 15,12 ; *Qumrân,* 1 QS 2,19). Mais l'accent porte surtout sur la finalité nouvelle du rite : *en mémoire de moi.* Paul y joint un commentaire (reçu par tradition ?): *Chaque fois que vous mangez de ce pain et buvez de cette coupe, vous proclamez* (ou impératif: *proclamez* !) *la mort du Seigneur jusqu'à ce qu'Il vienne.* L'évocation de l'événement de salut ne s'ajoute probablement pas au rite, comme s'il s'agissait d'une prédication qui le rappellerait, mais elle est réalisée plutôt dans la répétition même des gestes et paroles de Jésus et dans la participation à *ce* pain et à *cette* coupe (*proclamer, paraggellein* doit se comprendre à l'instar de la proclamation liturgique de la geste divine devant le Seigneur, qui se faisait dans la nuit pascale ; cf. Dt 26,1-11, cité dans la *Haggadah de Pâque*).

– Faites ceci en mémoire de moi

L'interprétation de cette locution diffère selon l'arrière-fond culturel sur lequel on la place. Selon H. Lietzmann, Paul conçoit la Cène à la manière d'un repas pris en mémoire d'un défunt, selon l'usage grec. Pour J. Jeremias, Paul reprend une formule de la tradition palestinienne ; il faut alors lire l'hébreu *zikkârôn* sous *anamnèsis.*

Pour les Grecs, *anamnèsis* ne peut porter que sur ce qui advint autrefois, un passé révolu ou une personne absente (ARISTOTE, *De memoria,* 1). La commémoraison des défunts consistait dans un repas funéraire (*faire le mémorial, poiein anamnèsin*) au jour anniversaire de la naissance du défunt. À l'origine, ce repas visait à maintenir la communion avec le défunt, mais dès l'époque classique, il ne servait plus qu'à entretenir la mémoire chez les héritiers.

Les termes dérivés de la racine hébraïque *zkr* (dont *zikkârôn*) ne servent pas uniquement à évoquer le souvenir d'un passé révolu et n'impliquent pas nécessairement l'absence. Ils *peuvent* dénoter la reprise d'une action, voire sa continuité, en particulier dans la présence de Yahvé à son peuple.

Le thème *Yahvé se souvient* (surtout dans l'historiographie sacerdotale et les hymnes : Ps 98,3 ; 105,42 ; 115,5 ; 115,9 ; 132,1-2 ; cf. Lc 1,54-55) souligne la continuité de l'alliance et des promesses. Par ailleurs, la fête de Pâque est instituée comme rassemblement de fête et mémorial (*lezikkârôn,* Ex 12,14). La célébration pascale assurait que Yahvé se souvienne de l'alliance, c'est-à-dire qu'il continue à agir pour toutes les générations, comme il le fit autrefois.

Le thème *Israël se souvient* (particulièrement dans Dt, Ez et Deutero-Is et certains psaumes de confiance) porte sur les actes et paroles (commandements) de Yahvé. « Se souvenir » ne vise pas à revivre psychologiquement un passé révolu, mais à reconnaître l'action de Dieu en se confiant à lui seul et à lui obéir à l'avenir. La génération actuelle renoue ainsi avec les Pères dans l'obéissance ; on n'y espère pas la répétition de la geste ancienne, car Dieu agira de manière nouvelle (Dt 8,2 ; 7,18-19 ; Is 46,9-10).

La littérature deutéronomique cherche l'assurance non pas dans un mémorial cultuel, mais dans un effort spirituel de reconnaissance et d'obéissance. Le mémorial pascal est alors préconisé comme moyen de se souvenir de Yahvé (Dt 16,3). Dans la tradition juive, la *haggadah* pascale consiste à proclamer les hauts faits de Yahvé en sa présence (*Pesahîm* 10, cf. Dt 26,5-10). La célébration promeut la foi pour avoir part, comme les Pères, au même salut et à son accomplissement final : le Seigneur viendra lui-même libérer son Peuple. Ici le *zikkârôn* implique l'action continue de Yahvé, même s'il est le fait d'Israël qui se souvient.

Dans l'expression paulinienne *faire ceci en ma mémoire, anamnèsis* ne désigne pas le repas rituel (comme dans l'usage grec *faire anamnèsis*), mais bien la finalité nouvelle du rite (cf. 1 Co 10,31 : *faites tout à la gloire de Dieu*). Par ailleurs, Paul ne se penche pas sur la mort d'un cher défunt, mais entend *proclamer la mort du Seigneur jusqu'à ce qu'il vienne.* La tradition reprise par Paul se comprend selon l'usage hébraïque du terme *zikkârôn*, qui *peut* inclure la continuité de l'action et ne pas se ramener à un sentiment à l'égard d'un passé révolu.

Mais ce souvenir est-il le fait de Dieu ou de la communauté ? J. Jeremias comprend : *afin que Dieu se souvienne de moi.* La célébration présente en quelque sorte le Christ, comme l'agneau pascal, au Père pour qu'il se souvienne du Messie et qu'il garde son Peuple dans l'alliance nouvelle. Néanmoins, le *zikkârôn* pourrait se comprendre plus simplement de la recommandation au Dieu des vivants et des morts ; mais cela ne convient pas pour la mort du *Seigneur.*

Mais la notice de 1 Co 11 qualifie le *faire* de la communauté et non l'action de Dieu. Paul exhorte d'ailleurs les chrétiens à un comportement qui soit conforme au souvenir exercé dans la Cène et donc au Christ qui est *mort pour vous* (cf. 1 Co 8,11). C'est ainsi qu'ils pourront avoir part au salut. Le souvenir de Jésus s'entend donc en un sens analogue (mais pas identique) à celui du thème deutéronomique.

Le souvenir porte sur la personne du Christ (*en* **ma** *mémoire*) et non seulement sur sa mort ; il porte sur l'ensemble de la geste : de la mort du Seigneur par sa résurrection jusqu'à sa venue. Le thème du souvenir pourra ainsi s'approfondir par la suite, à la lumière du *zikkârôn* juif : la proclamation liturgique, incluse dans le rite, fait participer au salut opéré dans les événements de la mort et de la résurrection du Christ (cf. l'Anaphore dans *Tradition apostolique*, 4 : *Nous souvenant donc de sa mort et sa résurrection, nous t'offrons).*

Les gestes et les paroles prophétiques de Jésus à la Dernière Cène évoquaient certes, en premier lieu, la portée salvifique de sa passion et de sa mort, mais cela même ne peut se comprendre que dans l'attente de sa glorification et du salut définitif de la multitude (p. 7-10). Dans la même perspective, la communauté primitive a régulièrement répété le rite que lui a commandé Jésus, comme en témoigne Paul : *proclamer la mort du Seigneur jusqu'à ce qu'il vienne* (1 Co 11,27). Ceci explique le caractère joyeux (*agalliasis*, Ac 2,46) de la fraction chrétienne. L'acclamation liturgique *Marana tha, Notre Seigneur, viens* ! (*Didachè* 10,6 ; cf. 1 Co 16,22 ; Ap 22,20) implique que la Cène chrétienne se célébrait en quelque sorte en présence du Seigneur, puisque la communauté s'adresse à lui (cf. PLINE LE JEUNE, *Ep.*, X, 96, 7 : *carmen Christo quasi deo*).

Ceci a pu mener Mc et Mt à faire suivre la parole sur la coupe eucharistique du verset eschatologique (Mc 14,25 ; Mt 26,29) :

l'eucharistie annonce le repas eschatologique auquel les chrétiens auront part avec Jésus. Luc (Lc 22,15-18) place cette déclaration avant les gestes eucharistiques: l'eucharistie remplace la Pâque et anticipe sur le repas eschatologique ou messianique (cf. Is 25,6-12 ; 65,13-14 ; Mt 8,11 ; 22,2-14 ; Lc 12,37 ; 13,29 ; 14,15). Ceci est à l'origine de l'application de la typologie christologique de la Pâque (1 Co 5,7 ; Jn 19,36) à l'eucharistie, notamment dans la célébration de la Pâque chrétienne, qui s'instaure au 2e siècle (cf. Méliton de Sardes).

– Les rôles et le moment de la célébration

Le livret de célébration distingue le rôle du Christ (prendre, briser, dire, donner) et celui des frères (prendre, manger, boire), et donc le rôle de celui qui préside et celui des membres du groupe. Il en était déjà ainsi dans la bénédiction du repas juif. Vers 100, cette présidence est déjà précisée : « sous l'évêque ou celui à qui l'évêque l'aura confié » (IGNACE, *Smyrn.*, 8,2 ; CLÉMENT DE ROME, 40,4 semble le réserver à l'évêque, à l'instar des rôles liturgiques en Israël). Ceci n'excluait pas que des *eucharistiai* soient faites en outre par des prophètes à leur gré (*Didachè*, 10,7). Vers 140, l'*eucharistia* est réservée au seul président de la communauté (JUSTIN, 1 *Apol.*, 67).

La Cène se célébrait lors des assemblées régulières (*en ekklèsia*), c'est-à-dire le premier jour de la semaine, jour de la Résurrection du Seigneur (Ac 20,7-12 ; 1 Co 16,1-2 ; *Didachè*, 14,1-3). Elle fut déplacée du soir au matin dès le 2e siècle (JUSTIN, *1 Apol.*, 67 ; cf. PLINE LE JEUNE, *Ep.*, X, 96, 7).

III. LES EXHORTATIONS DE L'APÔTRE PAUL

La rédaction et les adaptations de la notice d'institution supposent déjà une réflexion sur le sens et la portée de la Cène du Seigneur. Les écrits néotestamentaires témoignent d'une réflexion systématique, développée ou évoquée succinctement à l'occasion de problèmes pastoraux. Le caractère fragmentaire de ces témoignages ne permet pas de rendre compte de toute la pensée primitive concernant l'eucharistie.

1. *Le respect des frères lors de la Cène du Seigneur (1 Co 11,17-33)*

« Lorsqu'ils se réunissent en église » (c'est-à-dire en assemblée régulière), certains fidèles de Corinthe exagèrent dans le boire et le manger (à l'instar des banquets d'association ou des orgies païennes) et il se forme des groupes au mépris des plus démunis (v. 18-22 ; cf. Jude 12, sur la déviation des agapes). Une répartition en groupe était probablement devenue nécessaire du fait qu'un repas fraternel est dysfonctionnel pour un grand nombre (cf. les groupes chez Mc 6,39-40). D'autre part, ce repas avait pris place avant le Repas du Seigneur proprement dit (v. 21), contrairement à la tradition invoquée.

À cette occasion Paul rappelle la tradition sur le Repas du Seigneur. La division entraîne le mépris de l'Église que Dieu a rassemblée (v. 22) et mésestime le Corps du Christ mort pour chacun des frères (v. 29 ; cf. 1 Co 8,11-12). Cette attitude contredit le « souvenir » qui requiert une charité à l'exemple du Christ (cf. 1 Co 11,1).

Le discernement (*diakrinein*) porte sur le corps du Christ, que la parole sur le pain a qualifié comme donné « pour vous », et non pas sur l'Église. « Discerner » ne consiste pas à distinguer entre du pain ordinaire et le corps du Christ (ce qui n'était pas mis en question), mais porte au contraire sur le comportement qui convient à ceux qui prennent part au Repas du Seigneur, notamment la sobriété et surtout l'accueil réciproque (v. 33) de tous les frères pour qui le Christ est mort. Il est donc requis de « s'examiner soi-même », au risque de mépriser l'Église.

La proclamation impliquée dans le Repas du Seigneur ne se ramène pas à un faire-part sur la valeur salvifique de la mort du Christ ou à une exhortation à imiter le Christ. En effet, celui qui mange indignement, c'est-à-dire avec un comportement qui contredit la réalité du *corps du Christ pour vous*, mange et boit sa condamnation. La participation indigne à la Cène a donc les mêmes effets que d'avoir perpétré la mort du Christ lui-même (cf. 1 Co 2,8) : l'indignité rend coupable du corps et du sang du Christ, c'est-à-dire de sa mort (cf. *coupable du sang* dans HERMAS, *Pasteur*, 10 S, 4,2). Suivant Paul, l'effet atteint jusqu'à la vie corporelle même (v. 30). Cette menace n'est que la face négative d'une exhortation à la charité (v. 33) et donc d'une prédication sur le double effet de la communion : salut ou condamnation (cf. la nourriture spirituelle, ci-dessous p. 18-19).

L'admonestation contre les abus et l'exhortation à la charité menaient à centrer davantage le rite sur les paroles et les gestes du Christ et sur la communion au corps et au sang, et à réduire de ce fait le repas fraternel à de menues proportions (1 Co 11,22.34). Mt, Mc, Lc et Ac 20,11 témoignent peut-être de cette simplification, voire de l'élimination du repas fraternel. Par ailleurs, la synaxe ecclésiale comportait aussi des instructions et des chants spirituels, des prophéties et des actions de grâce libres (1 Co 14,26-33 ; Col 3,16 ; *Didachè*, 10,7) ; les *eucharistiai* de 1 Co 1,4-9 ; 2 Co 1,3-7 en sont un reflet. Le rite eucharistique proprement dit se trouvera un nouveau cadre dans une *eucharistia* présidentielle développée (JUSTIN, *1 Apol.*, 67). Un repas fraternel (*agapé*, Jude 12) présidé par l'évêque ou le prêtre se maintint cependant jusqu'au 4e siècle, indépendamment de l'eucharistie et prit un caractère de plus en plus uniquement caritatif (IGNACE, *Smyrn.*, 8,2 ; PLINE LE JEUNE, *Ep.* X, 96,7 ; JUSTIN, *1 Apol.*, 13 ; TERTULLIEN, *Apol.*, 39,14-19 ; *Tradition apostolique*, 26 ; *Concile de Laodicée* [320], can. 27-28 ; *Concile de Gangres* [362], can 11).

La réaction de Paul implique une certaine distinction théorique entre le repas « terrestre », aussi fraternel qu'il soit, et la participation au pain et à la coupe eucharistiques. Cette distinction sera thématiquement développée par les Pères et les théologiens comme discernement entre le pain ordinaire et le corps sacré du Christ.

2. *L'unique communion cultuelle (1 Co 10,14-22)*

Des chrétiens de Corinthe qui s'estiment éclairés, mangent des viandes provenant des sacrifices païens (*eidolothuta, hierothuta*, 1 Co 8,4 ; 10,28). Ils créent ainsi le trouble dans la conscience de leurs frères. Pareille pratique était en effet condamnée dans le judaïsme (*Mishna*, *Abôdâh*, 2, 3). Dans un premier temps, Paul ne condamne pas cette manière, car ce qui est immolé aux vaines idoles n'est sacrifié à rien du tout (1 Co 8,4 ; 10,19). Il exhorte néanmoins à ne pas scandaliser les frères qui sont moins avertis ou plus faibles (1 Co 8,7-13 ; 10,32-33) et à ne pas se leurrer sur sa propre force (1 Co 10,14-22 ; ci-dessous p. 17-18).

Cependant la sagesse doit respecter le précepte monothéiste de l'unité de culte (Is 65,11 ; Dt 32,21, cité au v. 22) : on ne peut avoir part à la table sacrificielle de Yahvé et à celle des idoles. De même, le chrétien ne peut avoir part à la Cène et aux idolothytes. Paul dédouble ainsi l'antithèse juive *sacrifice à Yahvé - sacrifice aux idoles*.

La communion eucharistique est dès lors comparée aux célébrations sacrificielles du culte juif et des cultes païens. Comme dans un sacrifice, il s'y établit une communion avec le Seigneur par la participation (*koinônia*) au pain et à la coupe sanctifiés dans la célébration. La comparaison ne porte pas sur une immolation rituelle et ne se réfère pas au caractère quasi sacrificiel de la mort du Christ. Le point commun de la comparaison consiste dans le fait que ceux qui ont part aux mets engagés dans l'action rituelle entrent en communion avec le Dieu même du culte. La comparaison laisse subsister néanmoins des différences. Pour Israël, le culte n'établit pas une communion (*habûrâh*) avec Yahvé, mais bien une relation asymétrique de service (*abôdâh*) ; l'autel médiatise cette relation (v. 18).

Pour l'argumentation, il aurait pu suffire de rappeler que l'eucharistie unit personnellement au Christ (cf. 1 Co 6,17), mais Paul réfère à *la participation au Corps et au Sang du Christ* et rappelle ainsi une formule traditionnelle (cf. ci-dessous, p. 18-20). Dans le corps qui fut livré et le sang qui fut versé s'est réalisé une fois pour toutes le salut ; ils médiatisent actuellement l'union personnelle au Seigneur ressuscité. Ceci fondera également l'affirmation patristique selon laquelle les chrétiens communient au Corps du Christ et non seulement à l'Esprit ou à sa grâce.

La Cène est ainsi conçue à l'instar d'un sacrifice qui établit, à travers le bien sacré (ici le corps et le sang) reçu en partage, la relation ou la communion avec le Seigneur lui-même.

3. *La prudence chrétienne (1 Co 10,1-13)*

Pour exhorter à la prudence, Paul reprend un motif de la prédication juive : la manne et l'eau du rocher n'ont pas préservé de la mort ceux qui se sont laissé entraîner dans la tentation idolâtrique par leur passion de manger (v. 5-7). Les événements anciens sont figures (*tupoi*) édifiantes pour le chrétien. Paul calque ainsi la traversée de la mer Rouge, la manne et l'eau du désert sur les rites du baptême et de l'eucharistie.

La manne et l'eau du rocher (Ex 16,5-17 ; 17,1-7 ; Nb 20,1-11) étaient déjà pour Israël des figures prophétiques de l'aide continue de Dieu (p.ex. Ps 78,15-16.26 ; 105,40-41 ; Sg 16,20-29). Le judaïsme attribuait d'ailleurs les mêmes prodiges au Messie (*Apoc. syr. Baruch*, 29,8). La manne avait déjà donné lieu à une transposition spirituelle, comme figure de la Parole ou de la Loi de Dieu, qui descend du ciel et est disponible pour tout croyant (Dt 8,3 ; PHILON, *Leg. All.*, III, 169-175). Quant au rocher, il symbolisait la présence constante de Dieu ; ce qui a donné lieu à une représentation populaire du rocher qui suit le peuple partout où il va (*Targum Neofiti*, sur Nb 21,19-20).

Sous l'évocation de la manne et de l'eau du rocher, Paul décrit l'eucharistie comme nourriture spirituelle et breuvage spirituel. *Pneumatikos, spirituel* ne signifie pas le caractère figuratif ni l'immatérialité, mais la plénitude de l'Esprit dont le communiant de la Cène est abreuvé (cf. 1 Co 12,13). D'ailleurs le Christ est le rocher qui suit l'Église pérégrinante de sorte que celui qui le touche reçoit l'Esprit. Cette interprétation réfère implicitement au Christ ressuscité, source de l'Esprit (cf. Ro 8,11), alors que la monition de 1 Co 11,17-34 ne référait qu'à la mort du Christ.

Paul met en garde : la communion n'assure pas automatiquement le salut. En l'occurrence, le fidèle y a part dans son humble souci de rester, sans présomption, fidèle au Christ, seule source de vie.

On notera que Paul ne dit pas crûment *manger le corps*, ni surtout *boire le sang* (ce qui devait provoquer l'horreur chez un juif ; cf. Lv 17,10-14), mais il entend ici que celui qui communie au corps du Christ est abreuvé de l'Esprit (1 Co 12,13).

4. *L'union au Christ et l'unité des chrétiens (1 Co 10,16-17)*

Dans son admonestation de 1 Co 11,17-34, Paul trouvait dans la Cène le fondement du respect mutuel entre les frères : le Corps du Christ livré pour tous (cf. p. 14-16). Au cours de l'argument de l'unicité de culte (1 Co 10,14-22), Paul lâche une phrase sur l'unité entre les chrétiens qui n'a pas de rapport avec l'argumentation, mais qui découle bien de la définition reçue: la participation à la coupe sur laquelle nous rendons grâce, et au pain que nous bénissons, est communion au corps et au sang du Christ. Le Christ avait donné au rite juif de fraternité une portée nouvelle (cf. p. 7-10). La digression sur l'unité des chrétiens résume un discours que Paul avait dû tenir maintes fois. D'où son étonnante concision.

Le verset 17 peut se lire de deux manières :

parce que, nombreux que nous sommes, nous sommes un seul pain, un seul corps (l'Église) ; nous avons, en effet, tous part à un seul pain (le Christ),

ou plutôt :

parce qu'(il y a) un seul pain (le Christ), nous sommes un seul corps (l'Église), nombreux que nous soyons ; en effet, nous avons tous part au seul pain (le Christ).

Dans l'un et l'autre cas, cette courte phrase frappe, comme en médaille, un développement complexe dont on peut restituer les composantes suivantes :

- *Le rite de la fraction du pain* n'évoque pas seulement la fraternité ou l'amitié des commensaux, mais forme la communauté religieuse autour du Dieu de l'Alliance (cf. ci-dessus p. 4-7). L'ambivalence propre au symbole rituel permet la transposition du pain au corps du Christ.
- *L'apologue sur les membres du corps* attribuée au sénateur romain Menenius Agrippa et fort connue à l'ère hellénistique (TITE LIVE, II,32 ; DION CHRYSOSTOME, *Or. 33*,16) : la ville est comme un corps, dont les membres nombreux et divers concourent, chacun pour sa part, au bien-être de tous. Paul l'a transposé à l'Église (Rm 12,4-5 ; 1 Co 12,12-27), mais il s'agit encore d'une métaphore vivante et non du concept sociologique de corps.
- Le thème de *l'union mystique*, c'est-à-dire intime et personnelle de chaque chrétien avec le Christ (cf. 1 Co 6,15-17 ; Ro 6,5). Ce thème a déjà transformé l'apologue social du corps dans Rm 12 et 1 Co 12. Cette union intime de chacun avec le Christ ou l'union au seul corps du Christ (cf. 1 Co 12,13 ; le corps du Christ et non l'Église) ne donne pas encore lieu, dans les grandes épîtres, au vocable *corps* pour désigner conceptuellement l'Église. Cette union de chacun au seul Christ fait l'unité des chrétiens, notamment dans la communion au corps du Christ.

Ce qui est premièrement donné dans le Repas du Seigneur, c'est le corps de Jésus-Christ, pain unique des chrétiens. Cette unité permet aux chrétiens de surmonter ou plutôt d'assumer leur diversité (« nombreux ») tant sociale (maître, serviteur ; homme, femme) et culturelle (langue, éducation) que spirituelle (diversité de dons, de tâches, de vivacité de la foi ; cf. 1 Co 12,13 ; Ga 3,27-28). En ce sens, l'eucharistie fait l'Église : le corps du Christ que nous recevons chacun en partage, fait l'unité de l'Église. Ce n'est pas l'ardeur de notre entente, ni l'uniformité spirituelle, ni évidemment l'homogénéité sociale et culturelle, qui rendent l'Esprit du Christ présent parmi nous.

Cette brève évocation de la force unifiante de la communion au corps du Christ exprime aussi la portée mystique de l'amour fraternel, de l'accueil mutuel et de l'échange des biens et des soucis au sein de la communauté locale (Ga 5,18 ; 1 Co 12,25-26 ; cf. Ac 2,42-47 : *koinônia* des biens), ainsi que l'exigence d'unité par delà les partis spirituels (cf.

1 Co 1,10-17 ; 3,22-23). Mais elle éclaire aussi la solidarité spirituelle et caritative avec toutes les Églises (Ro 15,26 : *koinônia* ; 2 Co 11,28-29). Pour Paul, toute communauté locale est Église de Dieu (1 Co 1,2 ; 2,1).

Le thème paulinien de l'unité par le pain unique a été développé par les Pères en celui de la pluralité des grains de froment dans l'unique pain et de la pluralité des grains dans l'unique vin (par ex. CYPRIEN DE CARTHAGE, *Lettre 69*, 5).

IV. LA NOURRITURE ET LE BREUVAGE VÉRITABLES SELON SAINT JEAN

1. *Composition littéraire de Jn 6*

Dans le récit de la Cène, le quatrième évangile ne rapporte pas les gestes eucharistiques mais uniquement l'ordre d'imiter l'exemple du Serviteur, signifié par le lavement des pieds (Jn 13,1-20). Mais il réfère à l'eucharistie dans un discours-dialogue sur le signe et la vérité à l'occasion de la multiplication des pains. En effet, les versets 6,51b-58 concernent clairement la Cène. Mais ils font partie d'un grand développement que l'on peut schématiser comme suit :

1-15	:	La multiplication des pains (cf. Mc 6,30-44) ; Jésus est recherché pour les signes.
16-21	:	La marche sur les eaux (cf. Mc 6,45-52).
22-29	:	La foule cherche Jésus et le retrouve Capharnaüm. Réponse de Jésus sur les signes.
30-51a	:	Discours-dialogue : Jésus est le Pain de Vie descendu du ciel.
51b-58	:	Enseignement sur la chair et le sang de Jésus donnés dans l'eucharistie (discours eucharistique)
59	:	Note précisant la fin de l'enseignement dans la synagogue de Capharnaüm.
60-71	:	Le scandale des disciples et l'attachement des Douze à Jésus à propos de cet enseignement.

Les efforts répétés pour prouver l'unité littéraire et théologique de Jn 6 manifestent, malgré eux, le caractère composite du chapitre et notamment le caractère ajouté des v. 51b-58. Tout le reste du chapitre 6 contient peu ou pas d'allusions eucharistiques. Il vaut donc mieux lire d'abord la multiplication des pains sans tenir compte du discours eucharistique. Puis lire le discours eucharistique à la lumière du discours sur le Christ, Pain de Vie, car le rédacteur le connaissait. Nous supposons connus de la part du rédacteur les thèmes développés à propos du Christ lui-même dans le discours sur le Pain de vie. Enfin, nous noterons comment et dans quelle mesure le tout a été relu « eucharistiquement » par le rédacteur final.

2. *La multiplication des pains (Jn 6,1-15)*

Chez les synoptiques et chez Jn, la multiplication des pains anticipe sur le rassasiement du repas messianique de la fin des temps, mais des notations particulières apparaissent. Mc 6,35-44 ; 8,1-9 et par. l'attribue à la miséricorde de Jésus qui est ému par la misère tant corporelle que spirituelle du Peuple (Mc 8,34). Il lit ainsi dans le miracle de la multiplication des pains une prophétie sur la mission apostolique (le rôle de transmission des Douze ; les 12 et les 7 corbeilles, symboles d'Israël et des Nations). Jn 6,1-13 y voit plutôt un signe (*sèmeion*) de Jésus, prophète supérieur à Élisée (2 R 4,42-44 : les pains d'orge), mais également à Moïse (allusion à Nb 11,13 dans les v. 5-7). L'attention porte ici davantage sur la personne de Jésus (v. 14-15), tout comme la discussion sur le pain de vie (v. 41-42) et la confession de Pierre (v. 68-69).

Néanmoins, le récit johannique contient quelques allusions rituelles : ordre de s'asseoir, prendre les pains, rendre grâce, distribuer. Elles sont peut-être eucharistiques, comme dans Mc 6,35-44. L'absence de la fraction (cf. Mc 6,41 ; 8,6) dans les gestes du Christ (Jn 6,11) est compensée par l'intérêt porté aux brisures (*klasmata* ; Mc 6,42 ; 8,8 ; Jn 6,12-13) ; celles-ci ne restent-elles pas en signe de l'eucharistie qui sera répandue et qui suffira pour le monde (cf. *Didachè*, 9, 4) ?

3. *L'interprétation de la formule eucharistique Jn 6,51b*

Le v. 51b donne un nouveau départ à la discussion. Dorénavant, il s'agit clairement en 52-58 de la communion eucharistique : le binôme *manger et boire*, le verbe *trôgein* (au lieu de *esthiein*), qui souligne peut-être la matérialité du rite.

Le v. 51b décalque la tradition liturgique de la Cène, moyennant quelques variantes qui dénotent l'interprétation du rédacteur.

Mc - 1Co	Jn 6, 51b	Jn 6, 33
Ayant pris le pain	Le pain	le pain de Dieu (je suis le pain vivant, le pain de la vie, v. 48.51)
bénit, rendit grâce, brisa, donna	que je donnerai	donne
ceci est mon corps	est ma chair	
pour vous	pour la vie du monde	la vie au monde

Donner (*didômi*) n'évoque pas chez Jn l'abandon dans la mort, qu'il désigne plutôt par *poser sa vie* (*tithèmi*) : Jn 10,11-18 ; 15,13 ; 1 Jn 3,16. *Donner* désigne chez lui le don de la vie divine : Jn 6,32-33 ; cf. Jn 14,27 ; 17,2 ; 17,22. Par ailleurs, selon Jn, le Christ est exalté sur la Croix et devient ainsi source de vie pour le monde (Jn 3,14-17 ; 8,28 ; 12,32-34).

Pour la vie du monde : au lieu de la mort réconciliatrice exprimée par *pour vous, pour la rémission des péchés* ; il s'agit ici du don de la vie. Le *monde* vise Juifs et Gentils, au-delà de la communauté (*vous*, 1 Co 11,24) et au-delà du peuple juif (*polloi,* Mc 14,24), conformément à la préoccupation johannique : Jn 6,33 ; Jn 1,9 ; 3,19 ; 4,42 ; 8,12 ; 9,5). *Chair* (*sarx*) évoque mieux que *corps* (*sôma*) la nourriture de vie (cf. p. 7-10) et réfère mieux au mystère du Verbe fait chair (Jn 1,14).

4. *L'interprétation eucharistique du discours sur le pain de vie (Jn 6,51 b-58)*

La parole de la Cène, telle qu'elle est interprétée par Jn 6,51b, engendre une énigme qui provoque l'indignation : *boire le sang* (v. 52 ; cf. Lv 17,10-14 ; 1 Co 10,10, 16 disait *boire de la coupe* et non *boire le sang*) ; elle est différente de celle du v. 41-42 concernant le Christ, pain descendu du ciel. Ce murmure souligne le caractère énigmatique de la proposition (comme Nicodème à l'écoute de la parole sur la nouvelle naissance, Jn 3,4). Mais au lieu de lever une ambiguïté, comme en Jn 3 (*anôthen* : *d'en haut* et non pas *à nouveau*), le discours maintient une ambivalence en soulignant à la fois la matérialité du rite de manducation et l'« autrement » de la nourriture véritable (v. 54-55). *Trôgein, mâcher* (v . 54.56.57.58) ne permet pas de spiritualiser entièrement, comme s'il s'agissait seulement de la vision et de l'adhésion de la foi (comme le fait *esthiein* dans le discours des v. 30-50). *Alèthès* ou *alèthôs* (véritable, vraiment) qualifie probablement la nourriture et le breuvage en tant que porteurs de la vie véritable, en comparaison desquels le pain d'orge du miracle et même la manne ne donnent qu'une vie éphémère, car celle-ci n'est que figure de la vie définitive. *Alèthès, alèthôs,* comme *alèthinos,* qualifient la réalité divine, comme dans Jn 6,32 : le pain véritable descendu du ciel ; en Jn 1,9 : la lumière véritable par rapport à ceux qui en témoignent ; en Jn 4,42 ; 6,14 ; 7,40 : l'être divin du Christ. Il n'est cependant pas exclu que *alèthès* garde une certaine ambivalence, en connotant l'aspect rituel. En tout cas, l'objection du v. 52 n'est pas entièrement écartée, mais elle souligne davantage le paradoxe de l'énigme.

Relevons maintenant les parallèles entre 30-51a et 51b-58.

Jn 6, 30-51a	**Jn 6, 51b-58**
Je suis le pain descendu du ciel, de la vie : 32, 35, 41, 48, 51a.	Le pain est ma chair ; ce pain descendu du ciel : 58.
Le Père donne le pain pour la vie du monde : 32, 33.	Je donne le pain = ma chair pour la vie du monde : 51, 52.
Jésus, le Fils de l'homme donne le pain : 34 ; cf. 24.40.	La chair du Fils de l'homme : 53.
La manne et le Christ, pain véritable, descendu du ciel : 31, 32, 40, 48-50.	La manne et le vrai pain du ciel : 58.
Manger de ce pain, voir, croire en moi : 35, 40, 47, 50, 51a.	Manger ma chair, boire mon sang : 54, 56, 58.
La résurrection, la vie éternelle : 39, 40, 44, 50.	La vie éternelle : 58.
L'envoi par le Père : 29, 38, 44.	L'envoi par le Père : 57.
La nourriture qui demeure: 27.	Je demeure en lui et lui en moi : 57

L'attention première des v. 30-51a portait sur la personne du Christ (*egô eimi*, le Fils de l'homme, plus grand que Moïse). Elle porte à présent sur le don que le Christ fait de lui-même dans la Cène. La transposition est patente mais elle n'est pas mécanique. La manne et l'eau du désert servaient déjà de figures pour l'eucharistie (1Co 10,3-4 ; cf. p. 17-18). Le thème de l'immanence réciproque du Christ et du fidèle (Jn 15,4-16) donne une autre profondeur au thème de la nourriture qui demeure : la nutrition symbolise une assimilation et une interpénétration, si l'on peut dire, et cette immanence réciproque consiste dans l'amour réciproque. Le don de la vie éternelle annonce le thème eucharistique du *remède d'immortalité* (IGNACE, *Eph.*, 20,2).

Le repas rituel de l'eucharistie est ainsi présenté comme divinement vivifiant, comme l'est le Fils de l'homme lui-même. Le scandale ou le paradoxe du rite eucharistique est d'ailleurs parallèle à celui de l'origine divine de Jésus, Verbe fait chair. Cette relecture eucharistique du discours sur le Pain de Vie répond peut-être au souci de maintenir à la fois le paradoxe de l'incarnation et celui de l'eucharistie, comme le fait 1 Jn 5,5-12, face à des tendances dualistes (cf. ci-dessous p. 25 ; IGNACE D'ANTIOCHE, *Smyrn.*, 7, 1).

5. *L'antithèse de l'Esprit et de la chair (v. 63 relu à la lumière des v. 51-58)*

Le v. 63 oppose la vanité de la chair à la force vivifiante de l'Esprit, c'est-à-dire l'homme, dans sa fragilité créationnelle, à Dieu, source de vie éternelle. Il éclaire le débat sur l'être du Christ, pain véritable et source de vie éternelle, en opposition au pain recherché par l'homme pour sa subsistance éphémère, voire au pain miraculeux de la multiplication et à la manne du désert. Ce verset s'applique difficilement à la chair vivifiante du Christ dans l'eucharistie. En le gardant néanmoins à la suite des v. 51b-58, le rédacteur a peut-être suggéré que la vie véritable que nous procure l'eucharistie, est au-delà de la matérialité du rite.

L'exégèse patristique appliquera l'antithèse tantôt à l'incarnation, tantôt à la Cène, ou encore à l'une et à l'autre. La chair de Christ ne servirait de rien, si elle n'était pas la chair immortelle du Verbe (= Esprit) et l'eucharistie ne serait non plus salutaire (CYRILLE D'ALEXANDRIE). D'autres docteurs insistent plutôt sur l'attitude intérieure du communiant : il ne suffit pas de manger matériellement, comme le comprenaient les gens de Capharnaüm, mais spirituellement. Pour que le Christ demeure en nous, il faut que nous demeurions en lui par la charité. Ainsi, l'Esprit vivant en nous ne nous vivifie que si nous croyons et aimons lorsque nous accédons au sacrement de la chair du Christ (AUGUSTIN).

De nombreuses phrases du discours des v. 30-51a (cf. le tableau de la p. 23) et la multiplication des pains (p. 22) peuvent être relues eucharistiquement. Le v. 51a établit d'ailleurs une excellente soudure avec les v. 51b-58.

6. *Le témoignage de l'eau, du sang et de l'Esprit (1 Jn 5,5-12 ; Jn 19,34-35)*

La Première lettre de Jean défend l'unité de Jésus-Christ, Fils de Dieu venu dans la chair (1 Jn 4,1-3 ; cf. 2 Jn 7) face à des dualistes qui, au nom de l'Esprit, ne veulent pas compromettre l'être divin du Christ : selon eux, le Christ-Esprit ne serait descendu sur l'homme terrestre Jésus qu'après le baptême et se serait envolé avant la passion pour ne pas être saisi par les non-spirituels (cf. l'hérésie de Cérinthe, selon IRÉNÉE, *Adv. haer*, I, 26, 1).

1 Jn 5,5-12 trouve dans l'Église des témoignages actuels (présent *marturountes*) sur les événements salutaires de la vie du Christ, à savoir sur son baptême et sa mort. Le Fils de Dieu est en effet passé (aoriste *elthôn*) par l'eau et le sang. L'eau, le sang et l'Esprit témoignent de manière concordante, par le baptême et l'eucharistie, qui donnent la vie (cf. ci-dessus p. 21-22). Dieu a donné la vie par le Fils de Dieu ainsi que par les sacrements de l'eau et du sang. L'Esprit témoigne ainsi de l'unité de Jésus-Christ, Fils de Dieu, venu en notre chair.

Parallèlement, Jn 19,34-35 voit dans le sang et l'eau sortant du flanc de Christ en croix le témoignage de ce que le Christ donne par sa mort la vie au monde (Jn 6,33 ; 51b). Le témoignage ne porte en effet pas chez Jean sur un fait simplement humain, tel que la réalité de la mort, mais sur l'œuvre de Dieu qui se réalise par la mort du Christ et que découvre la foi. Ne suggère-t-il pas déjà que cette vie nous vient par l'eau du baptême et par le sang de l'eucharistie (cf. AUGUSTIN ; THOMAS D'AQUIN, *Ave verum*) ?

V. CONNAÎTRE LE SEIGNEUR DANS LA FRACTION DU PAIN (LC 24,13-35)

Certaines apparitions du Christ ressuscité ont lieu au cours d'un repas (Lc 24,41-43 ; Ac 1,3-4 ; Jn 21,12-13). La commensalité renoue avec le

Christ que les disciples ont connu en Galilée, et ces repas servent parfois de preuve de la réalité corporelle de la résurrection. Dans ces textes, rien ne semble référer à l'eucharistie.

Néanmoins, le récit d'Emmaüs parle probablement de la Cène. Il ne répond d'ailleurs pas à la préoccupation de *démontrer*, mais plutôt à celle de *connaître* le Seigneur ressuscité. Dans la fraction, les disciples connaissent celui qui fut livré et qui échappe à leur regard ; le Christ est passé de la passion à la gloire et il leur est présent. La fraction ne désigne pas un geste familier, tel que la façon de casser la croûte, comme on le faisait dans un roman de reconnaissance. Il s'agit bien du geste symbolique de la Dernière Cène, répété dans chaque Cène chrétienne : prendre le pain en bénissant, briser, donner. Les chrétiens du temps de Luc, comme les disciples d'Emmaüs, ne reconnaissent pas Jésus *à* la fraction du pain, mais ils connaissent (cf. Lc 10,22) ou rencontrent le Christ ressuscité *dans* la fraction du pain, geste spécifique de la communauté primitive (selon Ac 2,42 : *klasis tou artou*).

Ce texte ne permet pas de chercher dans la communauté de table du Ressuscité avec les siens l'origine de l'eucharistie, comme repristination des repas pris autrefois par Jésus avec les siens (O. Cullmann), mais il s'explique au contraire par la tradition apostolique sur la Cène. On ne retiendra non plus l'explication de la Cène chrétienne par le désir des disciples de prolonger romantiquement l'intimité de table que Jésus avait avec ses disciples durant sa vie terrestre.

Néanmoins, la Cène, comme la multiplication des pains et les repas de Jésus avec les pécheurs (Mc 2,15-17), ainsi que ceux du Ressuscité avec les disciples ont peut-être été éclairés par le thème du repas messianique (Is 25,6-12 ; 65,13-14 ; Mt 8,11 ; 26,29 ; Lc 14,15).

VI. Conclusion

1. *Jésus-Christ à l'origine de l'eucharistie*

La veille de sa passion, Jésus a transformé le rite juif de bénédiction du pain et de la coupe en les assumant comme gestes prophétiques de sa mort salutaire et de l'imminence du Royaume. La communauté primitive a répété ce geste nouveau du Christ dans ses assemblées régulières, comme rite ordonné par Lui pour participer à la réconciliation et à la gloire opérée dans les événements de sa mort et de sa résurrection dans l'attente de sa venue.

Même si le repas d'adieu fut peut-être pascal, la Cène chrétienne hebdomadaire n'a gardé aucun trait propre au repas pascal annuel. Les écrits néotestamentaires témoignent en outre d'une évolution où le rite eucharistique se détache du repas fraternel.

2. *Le centre primitif de la théologie de l'eucharistie*

La notice d'institution liturgique (p. 3-14 et 14-20), telle qu'elle nous est parvenue, témoigne d'une réflexion de la communauté primitive sur l'action de Dieu qui se réalise dans la Cène chrétienne : l'entrée dans l'Alliance conclue par la mort du Christ (Mc), la réalisation dans le cœur par la foi en l'Alliance nouvelle (1 Co), la réconciliation des pécheurs (Mt), le dépassement de la Pâque juive par la Cène qui anticipe sur le repas du Royaume (Lc), la manne ou le pain de ciel.

Paul exhorte à « discerner », c'est-à-dire à estimer le corps du Christ livré pour tous par un comportement qui en soit digne. La communion requiert, à l'imitation du Christ, une charité envers les hommes ainsi que l'humilité de la créature devant Dieu. Sinon, au lieu d'être salutaire, elle attire la condamnation (p. 14-16 et 17-18). D'ailleurs, la communion personnelle de chacun au Seigneur, par son corps reçu en partage (p. 16-17), unit les chrétiens, avec leurs diversités culturelles, sociales et spirituelles, comme membres d'un seul corps. Le corps du Christ fait l'unité de l'Église (p. 18-20). La communion au corps et au sang du Christ nourrit et abreuve spirituellement l'Église qui pérégrine en ce monde ; chaque fidèle touche ainsi le corps du Christ ressuscité et reçoit l'Esprit, qui habite en nos cœurs et qui ressuscitera nos corps comme celui du Christ (p. 17-18). Dans la fraction du pain, les chrétiens rencontrent et connaissent le Christ, qui est mort et est ressuscité (p. 25-26).

Le Fils de Dieu venu dans la chair est lui-même le Pain de la vie éternelle. Le pain terrestre et même la manne n'en sont que le signe, car sa chair et son sang sont nourriture et breuvage véritables. La Cène présente un paradoxe analogue à celui de l'incarnation, car la vérité de la chair du Fils de Dieu nous est donnée dans la manducation rituelle. Par le don de soi et son exaltation sur la Croix, la chair et le sang du Christ, reçus dans l'eucharistie, donnent la vie éternelle et la résurrection pour tout homme dans le monde. L'Esprit qui donne la vie dans les communiants témoigne de l'unité du Christ, Fils de Dieu venu dans la chair et le sang (p. 20-25).

3. *D'hier à aujourd'hui*

– La liturgie

Les écrits du Nouveau Testament et des premières générations chrétiennes témoignent d'une adaptation des rites de la Cène du Seigneur aux conditions dans lesquelles la synaxe ecclésiale devait se dérouler : d'une réunion restreinte à une assemblée plus large ; d'une communauté aux rôles moins établis à la structure sacramentelle du ministère ; du style de l'euchologie juive à celui de la rhétorique grecque. L'Église doit, en effet, réaménager la liturgie eucharistique pour permettre à chaque génération de vivre profondément le Mystère. Dans le rite même, elle doit y respecter le testament que Jésus a fait la veille du jour où il fut livré, mais aussi la structure symbolique que l'Église ancienne a donnée à l'action et qui s'est maintenue jusqu'aujourd'hui, au-delà des séparations et des éloignements entre les Églises.

– La théologie

Le rite originel de Jésus et de la communauté primitive est déjà riche de significations : Paul et les auteurs des évangiles témoignent d'une réflexion qui réponde aux problèmes pastoraux des communautés et qui s'enrichisse de la vision de l'histoire du salut, à la lumière des Écritures.

Les docteurs de l'Église et les théologiens poursuivront cette réflexion, conjointement à la christologie et à la théologie de la création ; ils feront également appel à l'exégèse typologique de l'Ancien Testament pour préciser le statut de l'eucharistie par rapport aux rites de l'Ancien Testament ; d'où les concepts et les images *figure, symbole, mystère, sacrement, mémorial, sacrifice, autel, victime, action de grâce, propitiation, Saints des Saints, Pâque nouvelle, Agneau véritable.* Ils reprennent des représentations philosophiques du temps pour en préciser la réalité et le processus de réalisation : *vérité et image ; monde sensible et monde intelligible ; participation et plénitude ; transformation ; substance et accidents ; conversion, transsubstantiation ; présence réelle, substantielle, non-locale ; rencontre symbolique ; signe, symbole, rite.*

En effet, l'Église doit retraduire et approfondir en chaque génération le grand Mystère de la foi, en recueillant les richesses de la tradition, en étant attentive aux désirs de l'homme : *incorruptibilité, immortalité, communion mystique, communion interpersonnelle, partage et solidarité.*

Mais la vision des premiers témoins et de la première communauté reste le fondement et le centre dans cette quête de vérité. Telle est la portée de l'exercice que l'exégèse nous propose aujourd'hui.

Indications pour l'étude

Le présent exposé se comprendra aisément en sautant en première lecture les multiples références. L'étude ultérieure requiert de consulter celles-ci ainsi que les concordances et les dictionnaires de la Bible. Quelques ouvrages permettront de l'approfondir par la suite ou de connaître d'autres interprétations.

Concordance de la Bible de Jérusalem, Paris, 1982.

Concordance de la Bible TOB, Paris, 1993.

Dictionnaire encyclopédique de la Bible, Turnhout, Brepols, 2002, art. *Cène, Eucharistie* (bibliographie).

Synopse des Quatre Évangiles en français, éd. P. BENOÎT et M.-É. BOISMARD, 3 vol., Paris, 1965.

Synopsis Quattuor Evangeliorum, éd. Kurt ALAND, Stuttgart, 1964.

AUDET, Jean-Pierre, *La Didachè. Instructions des Apôtres*, Paris, 1958.

BASTIN, Marcel, *Jésus devant sa passion* (coll. *Lectio divina,* 22), Paris, Cerf, 1976.

BENOÎT, Pierre, *Le récit de la Cène dans Lc XXII, 15-20*, dans *Revue biblique,* t. 48, 1939, p. 357-393 (= *Exégèse et théologie*, t. 1, Paris, 1961, p. 161-203).

BETZ, Johannes, *Die Eucharistie in der Zeit der griechischen Väter*, t. 2/1 : *Die Realpräsenz des Leibes und des Blutes nach dem Neuen Testament*, Fribourg/Br., 1961.

BOUYER, Louis, *Eucharistie, Théologie et spiritualité de la prière eucharistique*, 1966, réed. 1996.

CHILDS, B.S., *Memory and Tradition in Israël* (coll. *Studies in Biblical Theology*, 37), Londres, 1962.

DESCAMPS, Albert, *Les origines de l'eucharistie,* et *Cénacle et Calvaire. Les vues de H. Schürmann*, dans ID., *Jésus et l'Église*, Leuven 1986, p. 455-496 ; 497-509.

DUPONT, Jacques, « *Ceci est mon corps, ceci est mon sang* », dans *Nouvelle Revue Théologique,* t. 80, 1958, p. 1025-1041;

–, *Les pèlerins d'Emmaüs* et *Les disciples d'Emmaüs*, dans ID., *Études sur les évangiles synoptiques,* Leuven, 1985, t. II, p. 1128-1152 ; 1153-1181).

FEUILLET, André, *Les thèmes bibliques majeurs du discours sur le Pain de vie* (*Jean VI*), dans ID., *Études johanniques*, Paris, 1962, p. 47-129.

HRUBY, K., *La « Birkat ha–mazzôn ». La prière d'action de grâce après le repas,* dans *Mélanges liturgiques offerts au R.P. Dom Bernard Botte,* Louvain, 1972, p. 205-222.

JEREMIAS, Joachim, *Les Paroles de Jésus, La Dernière Cène* (1967), tr. fr. (coll. *Lectio divina*, 75), Paris, Cerf, 1972.

LE DÉAUT, Roger, *La nuit pascale* (coll. *Anal. bibl.*, 22), Rome, 1963.

LÉON-DUFOUR, Xavier, *Le Mystère du Pain de vie. Jean VI*, dans *Recherches de sciences religieuses,* t. 46, 1958, p. 481-523;

–, *Jésus devant sa mort à la lumière des textes de l'institution eucharistique et des discours d'adieu*, dans *Jésus aux origines de la christologie*, Gembloux, 1975, p. 141-168.

–, *Le partage du pain eucharistique selon le Nouveau Testament*, Paris, Seuil, 1982;

LIGIER, Louis, *De la Cène de Jésus à l'anaphore de l'Église*, dans *Maison-Dieu*, n° 87, 1966, p. 7-49.

NEUENZEIT, Paul, *Das Herrenmahl. Studien zur paulinischen Eucharistieauffassung*, Munich, 1960.

PERROT, Charles, *L'eucharistie dans le Nouveau Testament*, dans *Eucharistia. Dictionnaire encyclopédique de l'Eucharistie*, Paris, Cerf, 2002, p. 68-96.

PESCH, Rudolf, *Das Markusevangelium. II. Teil*, Fribourg-Br, 1991, 4e éd., p. 354-377; 577-578 (bibliographie).

SCHÜRMANN, Heinz, *Le récit de la Dernière Cène. Luc 22, 7-38*, Le Puy, 1965;

–, *Comment Jésus a-t-il vécu sa mort ?* (coll. *Lectio divina*, 93), Paris, Cerf, 1977.

VAN CANGH, Jean-Marie, *La multiplication des pains et l'Eucharistie* (coll. *Lectio divina*, 86), Paris, Cerf, 1977.

–, *Le déroulement primitif de la Cène (Mc 14, 18-26 et par.)*, dans *Revue biblique*, t. 102, p.193-225.

Travaux de A. Houssiau sur l'eucharistie

L'anaphore alexandrine de saint Basile, dans *Assemblées du Seigneur,* nouv. série, n° 2, Paris, 1968, p. 55-74.

L'eucharistie dans la tradition ecclésiale, hier et aujourd'hui, dans *L'eucharistie, symbole et réalité,* Gembloux, 1971, p. 127-143.

Incarnation et communion chez les Pères, dans *Irénikon,* 45, 1972, p. 457-468.

Les moments de la prière eucharistique, dans *L'expérience de la prière dans les grandes religions*, Louvain-la-Neuve, 1980, p. 325-334.

La redécouverte de la liturgie par la théologie sacramentaire (1950-1980), dans *Maison-Dieu,* n°149, 1982, p. 27-55.

Le symbolisme dans la liturgie chrétienne, dans *Le symbolisme dans le culte des grandes religions,* Louvain-la-Neuve, 1985, p. 239-246.

La liturgie, dans *Initiation pratique à la théologie*, t. 5, Paris, 1983.

La Cène du Christ selon Luther, dans *Luther aujourd'hui,* Louvain-la-Neuve, 1983, p. 221-254.

Le don de l'incorruptibilité selon Irénée de Lyon, dans *La foi et la gnose aujourd'hui: Irénée de Lyon*, Lyon, 1985, p. 45-57.

Sanctus. La sainteté de Dieu selon la prière eucharistique, dans *Qu'est-ce que Dieu?*, Bruxelles, 1985, p. 637-650.

La liturgie comme manifestation du temps de Dieu dans le temps des hommes, dans *Rituels, Mélanges P. Gy*, Paris 1990, p. 327-337.

L'évêque, premier liturge de l'eucharistie, dans *Eucharistia. Dictionnaire encyclopédique de l'Eucharistie,* Paris, 2002, p. 497-507.

Du repas pascal au repas eucharistique du Seigneur

A. GOOSSENS

La Pâque au temps de Jésus

Durant son enfance et sa jeunesse, Jésus a célébré le repas pascal avec le peuple juif. Il se sentait à l'aise dans l'atmosphère messianique de ce repas, qui était le plus important de l'année. Plus tard, quand vinrent les jours de sa crucifixion, il a laissé le mémorial de ce repas, et nous vivons encore aujourd'hui de cette mémoire. Il est dès lors intéressant de bien connaître la richesse théologique du repas pascal pour les Juifs. Cette théologie emplit encore de sa saveur l'expérience pascale de nos frères et sœurs juifs. De plus, elle peut éclairer notre compréhension de l'eucharistie chrétienne.

En route sous la bénédiction de Dieu

Les repas de la Pâque faisaient partie, chez les peuples de bergers nomades, du rituel de transhumance[1]. Au moment de la pleine lune de printemps, les bergers prenaient un repas simple, durant lequel ils rendaient grâce à Dieu pour le don qui leur était fait d'une nouvelle année. En même temps, ils demandaient la protection de Dieu contre les vents torrides du sud qui pouvaient brûler les pâturages durant leur voyage. Atteindrait-on jamais le but de l'expédition ? Combien d'animaux allaient mourir en route ? Durant ce repas, on mangeait un agneau, du pain d'orge et des crudités. Ensuite, on buvait du vin. Ainsi, ce repas nocturne, célébré au printemps dans le cercle familial, raffermissait-t-il les liens avec Dieu. Il eut une grande influence sur la sensibilité d'Israël. Quand les Juifs

[1] H. HAAG, *Vom alten zum neuen Pascha. Geschichte und Theologie des Osterfestes* (coll. *Stuttgarter Bibelstudien*, 49), Stuttgart, KBW-Verlag, 1971 ; H.B. MEYER, *Eucharistie. Geschichte, Theologie, Pastoral* (coll. *Gottesdienst der Kirche*, 4), Regensburg, Pustet, 1989, p. 57-60.

devinrent sédentaires, lors du séjour de Joseph en Égypte et durant le travail de la cuisson des tuiles sous Pharaon, ils demeurèrent fidèles à cet acte de convivialité.

L'Exode

C'est pendant un de ces printemps qu'a commencé l'Exode[2]. L'attrait d'une vie nomade, en même temps que le poids des tracasseries du Pharaon, ont poussé Israël à reprendre la route pour échapper à la main de plus puissant que lui. L'Exode est l'héritier de l'ancien repas pascal. L'alliance avec Dieu, célébrée dans la prière et la manducation commune des biens que le Seigneur lui accordait, a donné à Israël le courage de se libérer des liens dans lesquels il était emprisonné. Les liens étaient rompus ; l'oiseau s'est envolé. À nouveau, Israël était un peuple libre, en route vers la terre promise. À partir de ce moment, la mémoire de l'Exode constitua une donnée particulière à l'intérieur du repas pascal, à côté d'autres éléments reçus du passé du peuple, avec le regard fixé sur le salut à venir.

Faire mémoire

Durant les siècles qui séparent l'entrée en Terre Promise de la prédication de Jésus, chaque période a imprimé sa marque sur le rituel pascal[3]. La période de liberté sous le règne de la Maison de David a accentué la louange. « Nous te rendons grâce, ô Dieu, pour cette terre bonne et vaste... pour l'Alliance que tu as scellée en notre chair (la circoncision)... pour la loi que tu nous as donnée... pour la vie, la douceur, la grâce et la nourriture que tu nous prodigues... ». Ainsi, le pain du repas devenait-il pain de l'action de grâce à Dieu, qui fournit à son peuple ce dont il a besoin pour vivre.

L'époque de l'exil a accentué la mise en question et l'intercession. Les prières ont, à ce moment, intégré le regard porté sur Jérusalem et sur la

---

[2] R. SCHMITT, *Exodus und Passah. Ihr Zusammenhang im Alten Testament*, Göttingen, Vandenhoeck & Ruprecht, 1975.

[3] R. BOON, *De joodse wortels van de christelijke eredienst*, Amsterdam, 1970 ; A. VERHEUL, *Grondstructuren van de Eucharistie*, Bruges, Emmaüs, 1974.

maison royale de David. « Aie pitié de ton peuple Israël, de ta cité Jérusalem, de Sion, le siège de ta royauté ». Le pain que l'on mangeait, le vin que l'on buvait, devinrent pain de liberté et coupe du salut. Que Dieu fasse à son peuple le don d'un nouvel Exode ! La manducation du pain et le partage de la coupe devinrent une expression de confiance envers Dieu, qui apporterait aux siens la libération, comme il leur procurait le pain et le vin de l'année nouvelle.

Le peuple quitta Babylone, mais ne retrouva pas son indépendance. L'un après l'autre, les pouvoirs perses, macédoniens et romains, enfermèrent Israël dans leurs liens. La confiance exprimée dans le repas pascal intégra, chez beaucoup, l'espérance de la venue d'un Chef, qui reconduirait son peuple à une totale indépendance. On appela de ses vœux le Messie, fils de David : « Qu'adviennent durant notre vie Élie et le Messie, fils de David ! » Pendant le chant des psaumes de la Pâque, on demandait à Dieu : « Donne-nous ton salut ! Dieu, donne la victoire ! Béni soit celui qui vient au nom du Seigneur ! » (Ps 118,25-26). Et déjà l'on disait que le Messie ferait son entrée dans Jérusalem. Pâques devint la fête du Messie attendu.

Au sommet de l'espérance

Quels que fussent les malheurs de la situation, le repas pascal demeura l'expression de la foi et de la confiance du peuple, qui ne cessa jamais d'espérer un avenir meilleur et de prier en ce sens. L'espoir en une nouvelle initiative de Dieu était porté par le souvenir reconnaissant de la création et des moments privilégiés du salut d'Israël, notamment de la libération d'Égypte. Le pain que l'on mangeait, l'agneau que l'on se partageait, la coupe qui était offerte : tout cela était le signe de la nouvelle initiative attendue de Dieu. Le pain devint celui du Messie à venir, le don ultime de Dieu à son peuple opprimé.

Jésus

Jésus connaissait le rituel du repas pascal[4]. Il connaissait la prière sur la première coupe : « Dans ton grand amour, Seigneur notre Dieu, tu nous as donné cette fête annuelle, fête des pains sans levain, fête de notre délivrance, cette sainte assemblée en mémoire de l'exode d'Égypte ». Cette bénédiction était suivie du lavement des mains et de la manducation des herbes amères et d'une compote de fruits. On peut, avec plusieurs interprètes, situer le lavement des pieds, rapporté par l'évangile, à ce moment de la préparation du repas. Puis, on passait à la deuxième partie du repas, durant laquelle le récit de la Pâque était proposé aux convives. À la question d'un enfant : « Pourquoi cette nuit est-elle différente des autres nuits ? », on répondait par un commentaire libre de Dt 26,5-11 : « Mon père était un Araméen vagabond, qui descendit en Égypte, y devint un grand peuple, mais fut opprimé par les habitants de ce pays. Et le Seigneur nous a délivrés de l'Égypte à main forte et à bras étendu, avec grande crainte, des signes et des prodiges ». Jésus avait souvent entendu l'explication donnée du pain sans levain, de l'agneau pascal et des herbes amères. Il a chanté les psaumes 113 et 114 : « Louez, serviteurs du Seigneur ! » et « Quand Israël sortit d'Égypte ». Il a bu à la deuxième coupe, qui clôturait cette libre liturgie de la Parole.

Le repas venait ensuite, introduit par une courte bénédiction sur le pain sans levain : « Béni sois-tu, Seigneur notre Dieu, Seigneur de l'univers, toi qui nous donnes le pain, fruit de la terre ! » La fraction du pain annonçait la manducation de l'agneau. Tous mangeaient dans une atmosphère de fête. Après le repas, on récitait la grande prière d'action de grâce sur la coupe : s'y succédaient un regard émerveillé vers Dieu, une contemplation reconnaissante de ses grandes actions, une demande incessante pour la venue du Messie. Le premier et le dernier mot de la bénédiction étaient « Barukh attah » : « Béni sois-tu, Dieu, qui donnes à chacun sa nourriture et qui construis Jérusalem ! » Le repas se terminait avec une sorte de quatrième partie, où résonnait le chant des psaumes 115 à 118 : « Non pas à nous, Seigneur, non pas à nous, mais à ton nom donne l'honneur ! ...

---

[4] Voir A. VERHEUL, *op. cit.* Cf. aussi L. LIGIER, *Textus selecti de magna oratione eucharistica, addita Haggadah Paschae et nonnullae Judaeorum benedictionibus*, Rome, 1965, 2e éd.

J'aime le Seigneur, car il entend ma prière ! ... Que rendrai-je au Seigneur pour tout ce qu'il m'a fait ? ... Louez le Seigneur, tous les peuples ! ... Rendez grâce au Seigneur, car il est bon ! » Jésus a pu trouver dans le psaume 116 une magnifique anticipation de la future résurrection : « Tu as délivré ma vie de la mort, tu as séché les larmes de mes yeux, tu as tiré mes pieds du faux pas. Je marcherai en présence du Seigneur sur la terre des vivants » (v. 8-9). Le repas se terminait avec la quatrième coupe.

Le dernier repas de Jésus

Le dernier repas de Jésus fut-il un repas pascal[5] ? À ce sujet, on a beaucoup écrit. Les uns pensent trouver une réponse affirmative dans les textes évangéliques ; d'autres, non. Ils s'appuyent sur l'évangile de Jean : selon celui-ci, Jésus est mort au moment où, dans le temple, les agneaux étaient conduits à l'immolation en vue du repas pascal annuel. Comment, disent-ils, toutes les délibérations concernant le sort de Jésus auraient-elles pu trouver place pendant la journée qui suivit le repas pascal, durant laquelle on était tenu au repos sabbatique ? Du coup, ils supposent que Jésus a pris un repas du soir habituel, sans que cela implique une signification fondamentalement différente. En effet, toute la semaine précédant la nuit pascale baignait dans la même idéologie. Une même conviction messianique habitait ces journées et maintenait l'occupant romain en état de vigilance. De plus, tous les repas du soir se terminaient par la prière « Barukh attah », orientée vers la prochaine libération.

La proclamation messianique à travers les paroles sur le pain et la coupe

« Pendant le repas, Jésus prit le pain, il prononça la bénédiction, il le rompit et le donna à ses disciples en disant : 'Prenez, ceci est mon corps'. Ensuite, il prit la coupe, et, après avoir prononcé la prière d'action de grâce, il la leur donna et ils en burent tous. Et il leur dit : 'Ceci est mon sang, le

[5] J. JEREMIAS, *Die Abendmahlsworte Jesu*, Göttingen, 1967, 4e éd. ; F. HAHN, art. « Abendmahl », dans G. OTTO, *Praktisches Theologisches Handbuch*, Handburg, Furche, 1970, p. 25-56 ; R. PESCH, *Wie Jesus das Abendmahl hielt. Der Grund der Eucharistie*, Fribourg, Herder, 1977 ; H. SCHURMANN, « Jezus' avondmaalswoorden in het licht van zijn avondmaalshandelingen », dans *Concilium*, 4/10, 1968, p. 112-113.

sang de l'Alliance, versé pour la multitude' » (Mc 14,22-24). Les disciples, qui étaient conscients de la portée théologique de la Pâque, reconnurent dans les paroles de Jésus la proclamation messianique longuement attendue. Jésus se présentait comme le Messie à venir : Je suis le salut venu de Dieu... Les psaumes et les prières anciennes trouvent en moi leur accomplissement... Dieu m'a appelé et moi, j'ai répondu... Le pain de la Pâque, que le Père vous offre, c'est moi, dans ma personne corporelle la plus concrète... Je me livre pour être le don suprême du salut de Dieu.

C'est ainsi, pensons-nous, que les disciples ont compris la parole de Jésus sur le pain. Quant à la parole sur la coupe, Jésus y a proclamé de manière précise sa tâche messianique, c'est-à-dire : « En tant que Messie souffrant, je serai le salut de Dieu pour le monde entier ». L'interprétation chez Matthieu est claire : « Buvez tous de cette coupe, car ceci est mon sang versé pour la multitude en rémission des péchés ». La référence au Deutéro-Isaïe est évidente : le Serviteur souffrant livrera sa vie pour la multitude. Comme un agneau, il se tiendra devant le tondeur et, d'une manière mystérieuse, il apportera à tous le salut, en prenant sur lui leurs fautes. Jésus est le nouvel agneau pascal attendu. En sa personne, il veut être le trait d'union entre Dieu et le monde. Et, si l'agneau pascal de la Pâque juive était déjà signe d'alliance entre Dieu et les hommes, cette relation franchit ici un pas supplémentaire. Jésus, avec tout ce qu'il peut offrir, à savoir son corps et son sang, sera le lien éternel entre le ciel et la terre. À partir de là, c'est lui qui devient la donnée centrale du repas religieux, où s'attablent ensemble le ciel et la terre.

Emmaüs

Le récit concernant Emmaüs montre bien que Jésus demeure la figure centrale du repas religieux[6]. C'est lui qui rompt le pain pour ses disciples et ceux-ci le reconnaissent. Messie ressuscité, il veut rester avec les siens. Ce même récit nous rend attentifs à l'évolution des nombreux repas de la jeune Église. Dès l'abord, les livres de Moïse, des Prophètes et de toute l'Écriture

[6] J. DUPONT, « Le repas d'Emmaus », dans *Lumière et vie*, t. 31, 1957, p. 77-92 ; M. KEHL, « Eucharistie und Auferstehung. Zur Deutung der Ostererscheinungen beim Mahl », dans *Geist und Leben*, t. 43, 1970, p. 90-125 ; H.B. MEYER, *op. cit.*, p. 73-86.

sont largement ouverts. Leur contenu est confronté à ce qui advint à Jésus. C'est à ce moment que le cœur des fidèles assemblés s'est mis à brûler, en entendant le Christ leur dire : « Ne fallait-il pas que le Messie souffrît tout cela ? » Et leurs yeux s'ouvrirent au geste de la fraction du pain. Ils en recevaient une nouvelle force pour prendre en mains leur tâche apostolique et annoncer aux hommes que le Christ est vivant.

En fait, le repas religieux des chrétiens reçoit ici une troisième dimension messianique. Non seulement il exprime le désir de la venue d'un Messie envoyé par Dieu et l'intimité vécue avec ce Dieu, mais aussi la convivialité avec Celui que Dieu a élevé à sa droite et qui demeure avec ses disciples. Il est avec eux, alors même qu'il a disparu à leurs yeux. Une nouvelle forme de présence s'est fait jour. Du coup, l'évolution du repas religieux ne suit-elle pas celle de l'histoire du salut ? Elle en constitue l'expression symbolique et condensée par excellence. Dieu offre aux siens sa nourriture, en la personne de son Messie consacré, l'Homme des douleurs et le Berger du nouveau groupe des croyants.

Dans des maisons particulières

Les chrétiens d'ascendance juive se rassemblaient dans la maison de l'un ou l'autre d'entre eux. Certaines communautés organisaient cette réunion durant la soirée après le sabbat, d'autres le matin du premier jour après ce sabbat, d'autres encore le soir de ce premier jour[7]. Mais tous y célébraient la nouvelle semaine de la nouvelle création, qui avait reçu de la résurrection de Jésus son nom de « premier jour de la semaine ». Ils ouvraient le livre des Écritures anciennes, y recherchaient les passages importants et les appliquaient à l'homme de Nazareth. Ils prenaient ensemble un vrai repas, précédé d'une prière concernant Jésus, vrai pain de vie, et conclu par une bénédiction particulièrement belle sur la coupe, remplie du vin de la fête de la nouvelle création : « Dieu éternel et tout-puissant, tu as créé toutes choses pour ton Nom et tu as donné aux hommes la nourriture et la boisson pour les rassasier afin qu'ils te rendent grâce.

---

[7] Voir dans H.J. WEGMAN, *Riten en Mythen. Liturgie in de geschiedenis van het christendom*, Kampen, Kok, 1991, p. 73 ; L. LEMMENS, « Wij kunnen niet leven zonder de dag des Heren te vieren. Zondag vieren 'tussen de tijden' », dans *Tijdschrift voor Liturgie*, t. 76, 1992, p. 27-36.

Mais nous, tu nous as bénis par une nourriture et une boisson spirituelles, et la lumière éternelle, par ton Serviteur. Par dessus tout, nous te rendons grâce, car tu es le Tout-Puissant. À toi l'honneur pour les siècles »[8]. L'abondance des biens naturels reçus de Dieu, ses innombrables décisions et ses actions de salut culminaient en Jésus, le plus grand des dons de Dieu. Dieu était présent. Jésus était présent ; ils s'adressaient à lui : « Maranatha ! ». Ils donnaient ainsi libre cours à leur désir et à leur joie : « Notre Seigneur, viens ! », ou bien : « Notre Seigneur est venu ! » (1 Co 16,22 ; Ap 1,7 ; 3,14). Les disciples se sentaient ainsi unis les uns aux autres de manière intense. Tel fut le repas des premiers chrétiens dans les maisons juives.

Dans le monde grec

Mais rapidement ce moment suprême s'est obscurci[9]. Les chrétiens d'ascendance grecque pouvaient difficilement saisir le lien qui rapprochait le caractère informel de ces rassemblements, où l'on mangeait, où l'on riait, et le caractère sacré de la rencontre avec Jésus (1 Co 11). C'est dans ce contexte que le repas complet fut abandonné. Cela est manifeste dans les textes qui rassemblèrent en une seule grande prière l'évocation du pain et du vin, aussitôt consommés, sans autre aliment. On pouvait certes ensuite vivre de manière informelle la convivialité entre frères et sœurs. Mais il faut aussi honnêtement reconnaître que le nombre grandissant des fidèles rendait impossible le partage d'un même repas et d'une même table. Ou bien on se retrouverait simplement en de petits groupes sélectifs, ou bien tous se rassembleraient ensemble dans une grande salle, sans la possibilité de prendre place à une même table. C'est pour ce type de rassemblement de toute la communauté que l'on opta à Corinthe, à Philippe ou à Thessalonique, sans repas complet ni grande table. Cela n'empêcha pas que longtemps fut conservé le sentiment, qui demeura la force des chrétiens, d'être rassemblés au nom de Dieu et du Christ Jésus.

---

[8] *Didachè*, 10.

[9] W. MARXSEN, *Das Abendmahl als christologisches Problem*, Gütersloh, G. Mahn, 1963.

L'Eucharistie dans des maisons-églises

Les chrétiens se rassemblèrent donc dans des « maisons-églises », c'est-à-dire dans deux pièces que l'un ou l'autre d'entre eux mettait à la disposition des chrétiens de la ville pour s'y rassembler, au rez-de-chaussée ou à l'étage. Cette coutume dura 250 ans. En effet, la célébration chrétienne ne pouvait pas se tenir dans un espace public, car les chrétiens étaient à peine tolérés quand ils n'étaient pas persécutés. Certains spécialistes pensent que la liturgie de la Parole avait lieu dans une pièce suffisamment grande pour rassembler les fidèles et les catéchumènes. C'est là qu'à côté des anciennes Écritures, de nouveaux livres virent le jour : les évangiles, les lettres des Apôtres[10]. Après le départ des aspirants au baptême, les fidèles gagnaient une plus petite pièce, où ils se tenaient debout autour de la table, intimement unis les uns aux autres dans le Seigneur. La liturgie de la table commençait par une série de prières, aussi appelée « prière des fidèles » (par opposition à la prière avec les catéchumènes). Puis venait le souhait de paix, qui exprimait et approfondissait la réconciliation et la joie entre les frères rassemblés. On prononçait la grande prière, on rompait le pain et les diacres portaient aux absents nourriture et boisson[11]. Il y avait place pour des moments d'intense convivialité. Dans ces groupes constitués, il y avait aussi place pour une distinction entre le président et les autres fidèles. Le président tenait la place d'un enseignant, donnait des instructions, et pour cela se tenait en un lieu surélevé. Mais quand la liturgie de la Parole était achevée, le cercle se formait autour de la table du repas et tous les baptisés étaient considérés comme des « circumstantes ». Tous étaient là, épaule contre épaule, entourant le Ressuscité, le Messie venu de Dieu, qui les stimulait à vivre en son Nom. L'essentiel du rassemblement était ainsi sauvegardé, d'autant plus que quelques éléments du repas demeuraient présents malgré le passage du vrai repas à la grande assemblée. Au long des siècles, l'eucharistie conservera ainsi l'essentiel de sa nature, malgré ses transformations : rencontre du ciel et de la terre

---

[10] Cfr mon article « Het Oude Testament in de Liturgie », dans *Collationes. Vlaams Tijdschrift voor Theologie en Pastoraal*, t. 21, 1991, p. 397-416.

[11] JUSTINUS, *Apologia*, I, 65-67, dans A. HÄNGGI & I. PAHL, *Prex Eucharistica*, Fribourg, Éditions Universitaires, 1968, p. 68-73.

autour de Celui que Dieu avait offert comme Homme des douleurs sur le chemin de la Terre promise pour la joie et l'encouragement des chrétiens.

Rassemblements publics dans de grandes églises

On arrive ainsi au quatrième siècle, avec l'empereur Constantin. La liberté chrétienne fut reconnue. Les chrétiens pouvaient exprimer publiquement leur propre vision de la vie. Ils se rassemblèrent dans de grands bâtiments repérables, qui avaient la forme des salles d'audience romaines où se tenait le représentant de l'empereur pour dire le droit. Ces basiliques étaient rectangulaires, avec une abside sur l'un des petits côtés et une abside où se trouvait le siège de l'évêque[12]. C'est de ce siège que celui-ci présidait la liturgie de la Parole, dans laquelle l'homélie tenait une place de choix. L'essentiel du mobilier de ce type d'église était constitué par le siège épiscopal, car l'évêque était considéré comme le personnage principal, habilité à parler et à agir au nom de Jésus. Pour la liturgie de la table, tous se regroupaient au milieu de la salle, où était apportée, du moins au début, une simple table. C'est là qu'était prononcée la grande prière, et qu'avait lieu le repas avec le pain et le vin. Ainsi la communauté chrétienne demeurait-elle visiblement unie à ses responsables, qui occupaient de nombreuses fonctions : lecteurs, chantres, diacres, et collaborateurs de l'évêque, ainsi que les prêtres, qui n'avaient pas pour autant une fonction spéciale dans les célébrations communautaires.

Les liturgistes estiment que la période la plus féconde pour l'eucharistie et la liturgie s'étend du 5e au 7e siècle. L'unique peuple se développait en relation avec les fonctions nombreuses qui s'harmonisaient entre elles, chacun y exerçant la totalité de sa fonction. Le lecteur lisait, l'évêque prononçait les prières et l'homélie, les diacres l'aidaient pour la distribution du pain et de la coupe, mais il était possible que chaque baptisé accède à la table pour y prendre le pain et y boire à la coupe. Pour la célébration, on utilisait des livres adaptés, des lectionnaires ou au moins des séries de lectures, qui remplacèrent la lecture directe à partir de la Bible. On vit

---

[12] C. PEETERS, *De liturgische dispositie van het vroeg-christelijk kerkgebouw*, Assen, Van Gorcum, 1969 ; J. VERVLOET, « In een of ander huis. Over het kerkgebouw, de plaats van de viering », dans *Tijdschrift voor Liturgie*, t. 65, 1981, p. 69-88.

apparaître des « sacramentaires », ancêtres de nos missels d'autel, qui comprenaient des recueils de prières à l'intention des présidents de l'assemblée. De même, des « antiphonaires » ou livres de chants. Le plus souvent, il s'agissait d'un livre très grand, que les chantres utilisaient ensemble pour entonner les chants.

Ce transfert de l'assemblée liturgique dans de grands bâtiments officiels occasionna tout de même un déplacement regrettable dans la relation des croyants au Christ. Certes, le Seigneur de majesté s'en trouva invoqué, loué, vénéré, mais peut-être l'a-t-on moins perçu comme le Médiateur proche du peuple et en route avec lui vers la Terre promise. Il n'empêche que cette donnée centrale a été préservée malgré les évolutions. L'Eucharistie est restée une rencontre en forme de repas, où ciel et terre se donnent la main, où le grand don de Dieu aux hommes, Jésus le Messie, demeure présent. Pour la consolation et la joie de chaque chrétien.

Pour une théologie symbolique de l'eucharistie

A. HAQUIN

LES LEÇONS DE LA TRADITION

On peut dire de l'eucharistie qu'elle est le « corps » du Christ et qu'elle est le « sacrement » (symbole) du corps du Christ. Cette double affirmation exprime la foi de l'Église. Le Seigneur se rend présent, mais comment ? Sa « réelle présence » se communique par la médiation des signes sacramentels, le pain et le vin eucharistiques sanctifiés par la prière de bénédiction. Tel est l'enjeu majeur de la théologie de l'eucharistie[1].

Aux premiers siècles, la pensée symbolique caractérise la réflexion des Pères : elle relie les divers éléments engagés dans le mystère sacramentel. Comme l'a montré H. de Lubac dans *Corpus mysticum*, l'approche à la fois « symbolique » (l'eucharistie est la « figure » ou l'« image » du corps du Christ) et « réaliste » (l'eucharistie est la « vérité » ou la « réalité » du corps du Christ) de l'eucharistie fait l'objet d'une tranquille possession pendant des siècles. Plutôt que des traités systématiques, les Pères de l'Église élaborent des écrits pastoraux et catéchétiques, en prise directe sur l'expérience eucharistique des nouveaux baptisés. Si la spéculation systématique est réservée au moyen âge, il ne faudrait cependant pas croire que les premiers siècles se sont contentés d'une approche quelconque. Par

---

[1] La présentation de l'eucharistie la plus récente est celle de M. BROUARD (dir.), *Eucharistia. Encyclopédie de l'eucharistie*, Paris, Cerf, 2002 ; elle comporte trois parties : *L'eucharistie et la conscience religieuse de l'humanité* ; *L'eucharistie dans l'histoire* ; *L'eucharistie aujourd'hui*. Voir la présentation faite dans *Revue théologique de Louvain*, t. 34, 2003, p. 505-513. Cfr aussi H. DE LUBAC, *Corpus mysticum. L'Eucharistie et l'Église au moyen âge*, Paris, Aubier, 1944 ; J.-P. DE JONG, *L'eucharistie comme réalité symbolique*, Paris, Cerf, 1972 ; A. VERGOTE, A. DESCAMPS, A. HOUSSIAU, *L'eucharistie, symbole et réalité*, Gembloux, Duculot, 1970 ; J. DE BACIOCCHI, *L'Eucharistie*, Tournai, Desclée, 1961 ; A. HAMMAN (éd.), *La messe. Liturgies anciennes et textes patristiques*, Paris, Grasset, 1964. Voir aussi la récente lettre encyclique du pape Jean-Paul II *L'Église vit de l'eucharistie*, Paris, 2003.

exemple Irénée resitue l'eucharistie dans la vaste fresque de l'histoire du salut, entre création et résurrection. Augustin montre comment le pain eucharistique est sanctifié par la parole et comment le corps eucharistique manifeste et construit le corps ecclésial du Christ.

La pensée dialectique du haut moyen âge va remettre en cause ce bel équilibre ; l'esprit est désormais préoccupé d'analyse, de raisonnement logique, de justification rationnelle. Paschase Radbert et Ratramme de Corbie, puis le subtil Bérenger vivent une époque de transition. Ils sont en quête d'une nouvelle synthèse, sans toutefois en avoir les moyens. Il faudra attendre la période libératrice des 12e et 13e s. et la réflexion de Thomas d'Aquin autour de la substance et du changement substantiel (transsubstantiation, terme du 12e s.) pour que l'intelligence apporte à la foi chrétienne une aide efficace. *Fides quaerens intellectum* ! Le raffinement intellectuel de la théologie universitaire du 13e s. est toutefois réservé à un public choisi.

Après le dépassement de la crise, le peuple chrétien se passionne pour l'adoration de l'hostie et la célébration de la Fête-Dieu, sorte de mise en œuvre liturgique du dogme eucharistique défini au concile de Latran IV (1215). *Lex credendi lex orandi* : la foi suscite un langage liturgique nouveau !

L'avenir mettra une nouvelle fois la théologie eucharistique à l'épreuve, lorsque les réformateurs du 16e s. réagiront contre l'hyperréalisme du monde catholique, au risque pour certains d'entre eux de basculer dans l'excès opposé. Les déclarations du concile de Trente précisent et définissent quelques repères essentiels de la théologie des sacrements et plus spécialement de l'eucharistie[2], sans toutefois trancher les discussions d'école, ni prétendre à un exposé complet du mystère eucharistique.

PENSÉE SCIENTIFIQUE ET TECHNIQUE

Basée sur les mathématiques et la vérification expérimentale, la pensée scientifique est un des fleurons du monde occidental. Les spectaculaires applications techniques ont changé la vie quotidienne : qu'on pense à l'informatique et aux télécommunications, aux progrès de la médecine et à

[2] En particulier la Session XIII (1551) consacrée à l'eucharistie (présence réelle, transsubstantiation, culte eucharistique), la Session XXII (1562) concernant le sacrifice eucharistique et la Session XXI (1562) consacrée à la communion.

l'astronautique. Toutefois, dans la culture technicienne et la société de production, le symbolique risque d'être incompris et dévalué. Dans la mentalité courante, symbole et réalité semblent toujours s'exclure. Que vaut l'arrêt de travail d'une « minute symbolique » qui n'a guère d'incidence sur la production d'une journée ? Que signifie le « franc symbolique » réclamé par le tribunal, qui ne peut guère appauvrir celui à qui il est réclamé ?

Nous sommes à la fois les héritiers d'Athènes et de Jérusalem, passionnés par le travail rationnel et initiés au monde des signes par la Bible. La réflexion théologique au cours des siècles est une perpétuelle recherche de dialogue entre le travail de l'intelligence et l'accueil du mystère. Le traité des sacrements est marqué par les divers moments culturels de l'occident, notamment par le rationalisme des 18e et 19e s. Heureusement, au 19e siècle, des théologiens clairvoyants comme J.-A. Möhler et M. Scheeben ont tracé des chemins nouveaux. Délaissant une ecclésiologie de type juridique et institutionnel, ils ont perçu dans l'Église le mystère du salut, présent au cœur de l'histoire. Au sein de l'« Église sacrement », ils ont découvert la richesse des sacrements du salut (mystères) qui irriguent la communauté chrétienne.

L'ACTION EUCHARISTIQUE

La liturgie est de l'ordre de l'agir (lit-urgie) et non de l'ordre du discours (théo-logie), mais pas de n'importe quel agir. Il ne s'agit pas du travail technique de l'*homo faber*, dont l'utilité est évidente, comme la construction d'une maison. Elle ne se ramène pas non plus à la pensée ou à la réflexion intellectuelle. La liturgie en tant que rite est une action symbolique qui se déroule dans le temps festif. Elle rassemble des personnes engagées dans l'histoire, douées de mémoire et capables de projet. Le rite est fait de paroles et de gestes porteurs de signification ; il caractérise l'homme comme être intentionnel et relationnel. Il produit du sens qui s'échange entre les participants. Le rite est au-delà de l'utile, jouant dans le registre de la gratuité, une gratuité qui fait vivre. Il est en décallage avec le quotidien[3].

---

[3] Voir l'art. *Symbole* (F. Marty), dans *Dictionnaire de Spiritualité*, t. 14, 1990, col. 1364-1383 et *Symbole, symbolisme* (J. Ries), dans *Catholicisme*, t. 14, 1996, col. 636-654. Le point de vue plus liturgique peut être trouvé dans A. HOUSSIAU, *La liturgie comme manifestation du temps de Dieu dans le temps des hommes*, dans *Rituels. Mélanges Père Gy*, Paris, Cerf, 1990, p. 327-338 et *La liturgie*, dans *Initiation à la pratique de la théologie*, t. 5, Paris, Cerf, 1983, p. 155-202 ; de

Le dimanche est une halte dans le travail ; tout en étant inséré dans la semaine comme « premier jour » , il en est cependant différent ; il lui donne son sens, car « l'homme ne vit pas seulement de pain » ! Le rite est lourd de significations multiples (polysémie) : l'eucharistie est une rencontre communautaire ; mais elle est d'abord une convocation du Dieu de l'Alliance. Grâce à la parole rituelle, des significations plus spécifiques peuvent émerger. Ainsi, l'eucharistie est plus qu'un repas de fraternité ; elle est le don d'une vie : « Ceci est mon corps livré pour vous ».

Le rite est enfin opérateur d'alliance, étant de nature symbolique (*sun-ballein* : rapprocher, réunir). Toute fête resserre les liens entre ceux qui y participent. Le moment des retrouvailles est aussi un temps de re-connaissance des uns par les autres. On se sent davantage frères et sœurs au terme de la réunion de famille.

La théologie de l'eucharistie ne peut être une spéculation abstraite ; elle doit se tenir proche de la célébration, l'observer et en dégager les nombreuses harmoniques[4]. Le mouvement liturgique a compris l'importance d'une célébration de qualité, vécue avec la lucidité de la foi. Les pasteurs ont retrouvé l'importance des signes : le Seigneur rassemble son peuple (entrée en célébration) ; il se révèle à lui (liturgie de la Parole) ; le Christ se livre « corps et âme » dans l'action de grâce formulée par l'Église et se donne en communion (liturgie eucharistique). La réforme du rite eucharistique par Vatican II a pour but d'éveiller la foi des chrétiens et de susciter l'accueil, en meilleure connaissance de cause, du don de Dieu, de sa Parole et de son Alliance. Il ne s'agit donc pas d'approcher l'eucharistie avec une mentalité utilitariste : quel « bénéfice » puis-je en retirer ? À ceux qui auront accueilli les signes de Dieu et la révélation de son amour, cela sera donné « par sucroît ».

L'identité propre du sacrement chrétien parmi les multiples rites du monde se dégage à partir de la révélation biblique. Le sacrement s'enracine dans l'œuvre de la création de Dieu, premier temps du salut ; le pain et le vin de la création ont une aptitude particulière à « signifier » efficacement le corps livré et le sang versé du Christ. Plus précisément, le sacrement

---

même dans C. DUCHESNEAU, *Célébrer*, dans *Dans vos assemblées* (éd. J. Gelineau), t. 1, Paris, Desclée, 1989, p. 60-74. Enfin, on consultera l'art. *Sacrements* (L.-M. Chauvet) dans *Catholicisme*, t. 13, 1993, col. 326-361.

[4] La liturgie est un lieu théologique majeur comme le montre l'article de A. HOUSSIAU, *La redécouverte de la liturgie par la théologie sacramentaire (1950-1980)*, dans *La Maison-Dieu*, n° 149, 1982, p. 27-55.

eucharistique est habité par l'institution du Christ et rempli de l'Esprit qui sanctifie. Telle est au 12e s. la riche théologie d'Hugues de Saint-Victor[5].

Ainsi, le sacrement est situé dans l'histoire du salut ; il est l'œuvre commune du Père, du Fils et du Saint-Esprit. Par ailleurs, l'eucharistie est l'action de grâce de toute l'Église, des saints et des pécheurs, des vivants et des morts.

LE MÉMORIAL DU SEIGNEUR

L'eucharistie n'est ni la répétition de la mort sacrificielle du Christ, car c'est « une fois pour toutes » qu'il s'est offert pour le salut du monde (Rm 6,10-11 et He 7,27), ni le culte d'un mort, ni un pur souvenir psychologique.

Sur la base du « Faites ceci en mémorial (*anamnèsis*) de moi », l'Église accueille avec reconnaissance l'événement sauveur, présent ou « re-présenté » dans le culte. Cette action sacramentelle n'est pas un mime de la Cène, mais la célébration de la Pâque bienheureuse dans sa totalité, non seulement de la mort et de la résurrection du Christ, mais aussi du don de l'Esprit et de la parousie future[6]. Bref, elle est l'anamnèse du crucifié-ressuscité-attendu. Grâce à elle, nous sommes ancrés dans l'événement

[5] HUGUES DE SAINT-VICTOR, *De sacramentis christianae fidei*, P.L. 176, col. 317 (L. 1, pars 9, c. 2) : « ...sacramentum est corporale vel materiale elementum foris sensibiliter propositum ex similitudine repraesentans, et ex institutione significans, et ex sanctificatione continens aliquam invisibilem et spiritualem gratiam ».

[6] On se rappellera à ce sujet les travaux décisifs de Dom O. CASEL : *Le mystère du culte dans le christianisme. Richesse du mystère du Christ*, Paris, Cerf, 1964 (trad. de l'allemand) ; *Faites ceci en mémoire de moi*, Paris, Cerf, 1962 (trad. de l'allemand) ; *La fête de Pâques dans l'Église des Pères*, Paris, Cerf, 1963 (trad. de l'allemand). Dans la théologie œcuménique, la catégorie biblique du « mémorial » joue un rôle capital, par exemple chez J.-J. VON ALLMEN, *Essai sur le repas du Seigneur*. Neuchâtel, Delachaux et Niestlé, 1966, p. 23-30 et surtout dans l'accord œcuménique FOI ET CONSTITUTION, *Baptême, Eucharistie, Ministère* (Lima, 1982), Paris, Centurion et Taizé, p. 32-35. Voir aussi dans J.-M. R. TILLARD, *La communion à la Pâque du Seigneur*, dans M. BROUARD (dir.), *Eucharistia*, p. 397-437 et O. CLÉMENT, *Notes sur l'eucharistie dans la théologie orthodoxe*, *ibid.*, p. 439-465. Enfin, on consultera l'art. *Mémorial* (B. Neunheuser), dans *Dictionnaire encyclopédique de la liturgie*, vol. 2, Turnhout, Brepols, 2002, p. 14-27.

fondateur, nous accueillons le don du salut au présent, et nous sommes en marche vers le futur[7].

L'événement pascal par sa dimension historique appartient au passé, et par sa dimension de mystère du salut transcende le temps qui passe. *Hodie* ! Aujourd'hui, le mystère du salut est « présenté » à l'Église dans l'eucharistie ; celle-ci peut s'associer à l'offrande du Christ : « Memores ... offerimus ». Tous les sacrements chrétiens donnent part au salut pascal et s'articulent en quelque sorte sur l'eucharistie, sacrement majeur. Certains d'entre eux comme le mariage et l'ordination prennent place au cœur de l'eucharistie.

QUE TON RÈGNE VIENNE !

« Viens, Seigneur Jésus ! ». L'eucharistie est supplication et attente : la présence du Ressuscité offerte à l'Église se réalise sur le mode sacramentel et non dans le face à face. Cette présence ne comble pas le désir des disciples ; elle n'est pas « saturante ». Les sciences humaines diraient qu'il y a « présence dans l'absence », présence sous la modalité symbolique. La théologie précise qu'il s'agit non de la présence terrestre du prophète de Nazareth, mais de celle du crucifié-ressuscité qui se donne à travers les signes (apparences) du pain et du vin.

L'Esprit Saint soutient l'attente de l'Église ; il la pousse à la rencontre de son Seigneur ; il hâte le temps de sa venue. L'Église ne se présente pas comme maîtresse de l'eucharistie, comme disposant de la présence du Christ. Au contraire, elle se fait humblement suppliante et demande que, par le don de l'Esprit, la présence eucharistique lui soit donnée.

L'épiclèse est cette double supplication, inscrite dans chaque prière eucharistique depuis la réforme liturgique de Vatican II, pour que l'Esprit transforme le pain et le vin au corps et au sang du Christ et qu'il fasse des communiants l'unique corps du Christ. La prière est déjà exaucée (« Ceci est mon corps... »), mais non totalement[8].

---

[7] Cfr l'antienne eucharistique « O sacrum convivium in quo Christus sumitur, recolitur memoria passionis ejus, mens impletur gratia et futurae gloriae nobis pignus datur ». Les trois dimensions sont clairement exprimées : l'Église fait mémoire de la passion du Seigneur, elle accueille dans le présent le don de la grâce, elle reçoit les arrhes de la gloire à venir.

[8] Concernant l'Esprit Saint et en particulier l'épiclèse eucharistique, lire A.G. MARTIMORT, *L'Église en prière* (nouvelle édition), t. 2, *L'eucharistie*, Paris,

L'Église demande que, par la communion au corps et au sang du Christ, les chrétiens deviennent l'unique corps du Christ. Ce corps existe dès à présent, mais il n'aura sa taille définitive que dans le Royaume achevé. « Déjà »... et « pas encore »... Telle est la loi de la croissance organique du Royaume.

La théologie actuelle de l'eucharistie ne peut plus être seulement d'ordre christologique. Elle se doit d'articuler le rôle du Christ et de l'Esprit Saint : c'est dans la force de l'Esprit invoqué à l'eucharistie que les paroles de la consécration sont efficaces.

Liturgie et théologie ont chacune leur vocabulaire propre pour nommer le mystérieux changement du pain et du vin qui n'est pas de l'ordre de la constatation mais de la foi : la liturgie utilise le verbe « devenir » ; la théologie occidentale dira « transformer » ou « changer » ; les chrétiens d'orient parleront de « transfiguration » des dons. Le terme technique de « trans-substantiation » (passage de la substance « pain » à la substance « corps du Christ ») que le concile de Trente a estimé le plus apte à exprimer le changement eucharistique, a été ces dernières années commenté et traduit de diverses manières par des théologiens soucieux d'utiliser les catégories philosophiques de la phénoménologie. Ils ont choisi « trans-signification » et « trans-finalisation ». Le pain reçoit une « signification » nouvelle : dans la foi, nous reconnaissons que pain et vin deviennent le signe sacramentel du corps et du sang du Christ. Il acquiert une « finalité » nouvelle, nous fait participer ou communier au don généreux de la vie du Christ et à sa victoire pascale. Cette théologie alternative peut-elle remplacer ou compléter l'approche classique ? Peut-on se passer du discours ontologique et se contenter d'une approche symbolique ? Tel est l'enjeu des recherches actuelles[9].

Desclée, 1983, p. 181-120 (R. Cabié) ; *Dictionnaire Encyclopédique de la Liturgie*, art. *Esprit Saint*, t. 1 (A-L), Turnhout, Brepols, 1992, p. 349-359 (A.-M. Triacca) ; FOI ET CONSTITUTION, *Baptême, Eucharistie, Ministère*, p. 35-38. L'importance de l'épiclèse est multiple : elle fait redécouvrir la place de l'Esprit Saint dans l'eucharistie, le pôle eschatologique et l'attente de la parousie du Seigneur.

[9] Sur cette difficile question, lire K. RAHNER, *Pour l'ontologie de la réalité symbolique en général*, dans *Écrits théologigues*, t. 9, Bruges, 1968, p. 11-26 ; E. SCHILLEBEECKX, *La présence du Christ dans l'eucharistie*, Paris, Cerf, 1967 (trad. du néerlandais) ; J. DE BACIOCCHI, *Présence eucharistique et transsubstantiation*, dans *Irénikon*, t. 32, 1959, p. 139-164. Voir aussi L. LEIJSSEN,

COMMUNION EUCHARISTIQUE

L'action eucharistique atteint son sommet dans le repas de communion où le chrétien partage le corps et le sang du Christ : « Prenez et mangez ... prenez et buvez en tous ». Au cours du 20e siècle, un double progrès a été réalisé. Le Pape Pie X a rouvert le chemin de la communion fréquente (1905) et précoce (1910), car l'eucharistie n'est pas la récompense des parfaits, mais la nourriture de ceux qui sont en marche[10]. D'autre part, le concile Vatican II a donné à tous les chrétiens la possibilité de participer au double signe sacramentel en communiant à la coupe eucharistique.

La communion réalise une profonde union entre le chrétien et le Christ, entre le Christ et l'Église ; le Christ est la tête du corps et les chrétiens en sont les membres (1 Co 12) ; communier au corps et au sang du Christ (1 Co 10,16), c'est vivre intensément l'unité profonde existant entre le Christ et ses disciples. Le Christ est l'Époux dont l'Église est l'Épouse (Ep 5,25-33) : cette alliance de type conjugal n'abolit pas la distinction entre le Christ et l'Église. Dans le récit d'Emmaüs, le repas du Seigneur est présidé « par » le ressuscité et pris « avec » le ressuscité.

La communion eucharistique nous relie à l'Église des frères d'une double manière. Au terme de l'action de grâce ecclésiale, nous communions ensemble, après avoir échangé le geste de paix et avoir récité la prière commune du Notre Père. Cette démarche de reconnaissance des frères a des conséquences importantes : d'une part, le pain eucharistique doit être largement partagé y compris aux absents ; d'autre part, la dynamique du partage eucharistique amène à partager le pain matériel avec les pauvres du monde. Par ailleurs, dans l'eucharistie nous communions à l'Église entière, au sens que nous sommes étroitement unis en elle, au point que l'eucharistie est l'action de grâce des vivants et des morts, des présents et des absents, des frères proches et lointains.

L'eucharistie est le sacrement de l'unité. Cette affirmation classique résonne d'une manière nouvelle dans un siècle de rapprochement œcuménique. L'eucharistie exprime l'unité de l'Église déjà existante ; elle

---

La contribution de Karl Rahner (1904-1984) au renouvellement de la sacramentaire, dans *Questions Liturgiques*, t. 75, 1994, p. 84-102.

[10] Cfr A. HAQUIN, *Les décrets eucharistiques de Pie X. Entre mouvement eucharistique et mouvement liturgique*, dans *La Maison-Dieu*, n° 203, 1995/3, p. 61-82.

est aussi le signe efficace d'une unité en croissance, jusqu'à la fin des temps. Sur la route qui mène à la parousie, la halte de l'action de grâce dominicale fortifie l'espérance de la réconciliation et de la parfaite communion de l'humanité tout entière. Si la communion est le sommet du rite eucharistique et de la présence du ressuscité, elle provoque l'Église à se rendre présente et disponible au Christ. Présence de l'Église à son Seigneur : l'Église, structurée par le ministère ordonné, est le corps ecclésial du Ressuscité accueillant le corps sacramentel du Christ pour en être témoin dans le monde.

SACREMENT DE L'EUCHARISTIE ET ORDRE SYMBOLIQUE

La réflexion sur le symbole est aujourd'hui très présente dans la philosophie du langage, l'anthropologie, l'ethnologie et la psychologie de la religion. Divers auteurs se sont essayés ces dernières années à parler des sacrements de l'intérieur de la culture contemporaine. C'est le cas notamment de L.-M. Chauvet qui prend distance par rapport à la théologie classique du sacrement comme « cause » ou « instrument » de la grâce, par crainte qu'elle n'engendre une perspective « objectiviste » et néglige le sujet tant ecclésial qu'individuel[11]. Dans la ligne de M. Mauss (*Essai sur le don*, 1923), il réfléchit à partir de l'ordre symbolique. Au plan anthropologique, le symbole n'est ni un objet ni un élément isolé, mais une culture à l'intérieur de laquelle tous les éléments (manières de vivre, de parler, d'échanger, d'exprimer ses intentions et ses sentiments) sont reliés les uns aux autres et permettent à des individus de communiquer entre eux et de trouver du sens à leur vie. Bref, le symbole est un pacte d'alliance entre des personnes qui se reconnaissent l'une l'autre et peuvent advenir à leur identité de sujet personnel l'une par l'autre.

---

[11] Sur les sacrements, voir L. VOYÉ, R. DELIÈGE, J. COTTIN, A. HAQUIN, *Des rites et des hommes. Regards d'anthropologie et de théologie,* Bruxelles, Lumen Vitae, 2003. Les travaux majeurs de L.-M. Chauvet sont sa thèse de théologie, *Symbole et Sacrement. Une relecture sacramentelle de l'existence chrétienne*, Paris, Cerf, 1987, 582 p., ainsi que deux autres ouvrages *Du symbolique au symbole. Essai sur les sacrements*, Paris, Cerf, 1979 et *Les sacrements. Parole de Dieu au risque du corps*, Paris, Éditions Ouvrières, 1993. De nombreux articles ont paru dans *La Maison-Dieu* et dans d'autres revues. Rappelons encore l'art. *Sacrements* dans *Catholicisme*, t. 13, 1993.

Entrer dans la culture d'aujourd'hui, n'est-ce pas donner une chance à nos contemporains d'« entendre dans leurs langues les merveilles de Dieu » (Ac 2,11) ? C'est dans cet esprit que L.-M. Chauvet pense le sacrement chrétien et s'efforce de l'inscrire dans la théologie fondamentale et dans l'existence chrétienne intégrale. Le titre de son livre majeur *Symbole et Sacrement. Une relecture sacramentelle de l'existence chrétienne* le dit clairement. Dans cette ligne, le langage est moins un instrument de communication qu'un lieu d'échanges entre sujets qui communiquent. Les paroles et gestes sacramentels sont moins des instruments que des médiations de la grâce entre l'homme et Dieu, par lesquelles l'homme accède à l'identité de disciple du Christ. L'échange symbolique pratiqué dans diverses sociétés notamment archaïques peut aider à comprendre par analogie ce qu'est le don gratuit de Dieu.

DON, RÉCEPTION, CONTRE-DON

Selon M. Mauss, le don ou le cadeau ne relève ni de la logique marchande (commerce), ni de l'usage utilitaire, mais de la gratuité. Pierre donne à Jean des fruits de sa récolte. Plus important que le don est l'échange entre les personnes ; Pierre reconnaît Jean comme sujet ; le don qu'il lui fait est porteur de cette attitude. Jean peut refuser de recevoir le don ; dans ce cas, la communication est interrompue et aucun lien ne se crée. Mais si Jean reçoit le don, désormais il signifie à Pierre qu'il est « quelqu'un » pour lui, tandis que Pierre permet à Jean d'exister comme sujet (réception). Curieusement, le don gratuit oblige en retour, non d'une obligation juridique mais symbolique. Si Jean ne veut pas casser la communication qui s'est établie, il doit entrer dans le mouvement du don et offrir à son tour un présent (contre-don) à Pierre ou à un autre membre du groupe. Ainsi se crée une vaste solidarité sociale entre les individus partageant la même culture et le même langage symbolique.

Cette réflexion anthropologique peut aider à percevoir quelque chose du don gratuit de Dieu, même si le rapport au sein du « jeu sacramentel » entre Dieu et nous est asymétrique, car Dieu est Dieu ! Dieu offre son alliance ; l'homme a la liberté de recevoir cette offre ; dans ce cas, il devient quelqu'un aux yeux de Dieu et Dieu existe à ses yeux comme partenaire. Dieu n'étouffe pas l'homme par ses dons, mais le laisse libre, à l'opposé de l'attitude paternaliste. Signe de cela : l'homme est invité à entrer en relation avec Dieu par un nouveau don ou contre-don, et ainsi de suite. Il peut exercer sa créativité en entrant dans le mouvement du « rendre grâce » et de la confession de louange.

ÉCRITURES, SACREMENT, ÉTHIQUE

La structure symbolique de la foi chrétienne, selon L.-M. Chauvet, est faite de trois pôles liés les uns aux autres : Écritures, Sacrement, Éthique. Telles sont les trois réalités d'ordre symbolique, les médiations essentielles de l'Alliance qui constituent et nourrissent notre identité chrétienne individuelle et ecclésiale. Le salut de Dieu s'inscrit dans l'histoire, dans l'espace et dans le temps. La logique de l'incarnation se vérifie à chaque pas de la démarche : les réalités du salut sont en quelque sorte le corps dans lequel l'initiative de Dieu s'incarne.

La Parole de Dieu exprime l'offre du salut ; pour être communicable aux générations qui se succèdent, elle s'inscrit dans le corps des Écritures saintes, la Bible. La Parole, comme on le voit, est de nature sacramentelle ou symbolique au sens fort du terme. En elle, le salut se révèle (signe) et se donne (efficace) à qui sait le reconnaître et l'accueillir. L'homme ne peut être sauvé sans la foi, suscitée par la réception de la Parole du salut.

Les Écritures elles-mêmes s'incorporent dans le sacrement chrétien au sens large (liturgie), comme l'eucharistie le montre bien : la Parole de Dieu y est écoutée et accueillie dans l'assemblée ; elle s'inscrit dans le geste eucharistique de la Cène, lui-même pénétré de la parole évangélique et de la prière d'action de grâce.

Enfin, le sacrement s'incorpore dans l'éthique évangélique. Déjà les évangiles invitaient à l'agir fraternel (Lc 10,37 : « Va et fais de même »). La dynamique de l'eucharistie n'est pas différente. Le partage du pain eucharistique ponctué par la parole d'accueil du communiant (« Amen ») ouvre au contre-don dans l'eucharistie et l'action de grâce finale, et à la vie selon l'évangile (éthique). Le chrétien est appelé à donner sa vie pour ses frères à la suite du Christ dont il a partagé le corps et le sang. Telle la créativité et l'action de grâce attendues du chrétien.

UN CHEMIN D'EMMAÜS

La parabole du récit d'Emmaüs suggère très bien la complémentarité des trois éléments essentiels de l'identité évangélique au sein de l'ordre symbolique chrétien.

Au départ, deux hommes découragés, sans espérance, sont accostés par le Ressuscité qui entre en relation avec eux. Sa parole, relayée par les Écritures prophétiques, ouvre une porte et le dialogue s'engage. Progressivement, le Christ fait alliance avec les deux voyageurs au point que ceux-ci le retiennent pour le repas du soir. Le geste « sacramentel » qui suit, la fraction du pain, est le moment décisif grâce auquel les yeux des voyageurs vont s'ouvrir, les rendant capables de « re-connaisance » au double sens de la gratitude et de la découverte de l'identité propre de leur interlocuteur. Ils accèdent ainsi à la condition de disciples du Ressuscité ; c'est une véritable naissance. Leur condition de disciple va s'exercer et s'affermir dans l'initiative qu'ils prennent : retourner à Jérusalem et témoigner que le crucifié de Pâques est vivant. Tel est le contre-don que les disciples offrent au ressuscité, la dimension éthique ou active de la vie chrétienne.

On pourrait également suivre L.-M. Chauvet dans l'étude qu'il fait de la Prière eucharistique. La question qui se pose est de savoir comment l'Église devient capable de réaliser le projet énoncé au départ : « Rendons grâce au Seigneur notre Dieu ». Tout commence par l'initiative de Dieu (don) exprimée dans la liturgie de la Parole et dans la préface. Forte de ce don, l'Église commence le « rendre grâce » à Dieu qui « a fait grâce à notre terre ». Ensuite, elle reçoit le don de Dieu au présent sur le mode sacramentel et elle s'offre avec lui (Sacrement) ; enfin, par la communion elle est appelée à « devenir ce qu'elle reçoit » et à vivre en grâce selon la loi de l'agapè (Éthique). D'une manière plus précise, l'analyse narrative de la prière eucharistique montrerait comment l'Église est rendue capable de l'action de grâce (performance) en recevant progressivement les moyens de celle-ci (compétence) au travers du triple programme narratif. Le premier programme est l'action de grâce initiale, spécialement la préface qui fait mémoire de l'histoire totale du salut au cœur de laquelle le mystère pascal est l'élément essentiel. L'action de grâce progresse à travers l'épiclèse, l'institution et l'anamnèse, constituant le deuxième programme narratif. Ici le don de Dieu se fait au présent dans la présence sacramentelle du Ressuscité. Enfin, dans la troisième étape ou temps de la supplication, l'Église se tourne vers le futur : l'action de grâce s'infléchit en une seconde épiclèse et s'élargit aux vivants et aux défunts, à la terre et au ciel. Ainsi décentrée d'elle-même, l'Église est rendue capable de rendre à Dieu « tout honneur et toute gloire » dans la doxologie finale.

SACRAMENTALITÉ DE L'EXISTENCE CHRÉTIENNE

L'existence chrétienne est tout entière de nature sacramentelle : aussi bien les Écritures que le Sacrement et l'Agir éthique sont comme l'interface entre le monde visible et celui de Dieu. Ni l'Écriture n'est un simple moyen pour aller vers Dieu, ni le Sacrement n'est un instrument pour recevoir la grâce, ni l'Éthique n'est un moyen pour gagner le ciel. Ils sont bien plus : des lieux où Dieu se donne à voir et à rencontrer ; des médiations par lesquelles nous pouvons apporter notre réponse. C'est là que notre foi peut prend corps.

Telle est la perspective d'Alliance qui nous est proposée et qui requiert la foi en Dieu. La pratique des sacrements et la pastorale des sacrements ont à se situer à ce niveau. Il ne s'agit pas de prôner la sévérité et la rigueur comme si l'accès aux sacrements devait faire l'objet de réglementations administratives. Les exigences sont d'abord de l'ordre symbolique : le chrétien est-il à même de reconnaître Dieu dans le geste qui lui est proposé ?

RETOUR A LA CÉLÉBRATION

La liturgie a rendu de grands services à la théologie sacramentaire de l'eucharistie. En retour, on peut souhaiter que les progrès de la théologie de l'eucharistie stimulent la célébration du repas du Seigneur. Notre réflexion s'achèvera par quelques considérations théologico-pastorales à ce sujet.

1. *Approche sacramentelle*

L'eucharistie doit être traitée comme un sacrement, dans sa dimension de signe et de symbole, comme nous l'avons souvent répété. À ce sujet, la *Présentation générale du Missel romain* (Paul VI) est un bon exemple de théologie liturgique de l'eucharistie, à mi-chemin entre la simple lecture des textes célébratoires et la réflexion sacramentaire plus technique. Le langage biblique et liturgique qui y est employé s'accorde bien avec les mystères célébrés ; il est donc particulièrement recommandé pour la catéchèse et la prédication.

Questions :

– Entre expressivité et sobriété : quel équilibre trouver pour que la célébration eucharistique soit vécue comme rencontre d'Alliance ?

– La prédication liturgique ne pourrait-elle inviter à la découverte des gestes eucharistiques et de la Prière eucharistique, en particulier de l'épiclèse ? Soit de façon explicite, soit par de petites touches occasionnelles dans l'homélie classique ?

2. *Eucharistie et Écritures*

La sacramentalité englobe le rite eucharistique dans sa totalité. La liturgie de la Parole n'est pas une « avant-messe » ; elle est elle-même habitée par la présence du Christ (*Const. Lit.* n° 7) ; le pain de vie est servi aux convives à travers la Parole proclamée et le corps eucharistique du Seigneur (*Dei Verbum* n° 21).

Questions :

– Comment mieux articuler la Parole et le Sacrement ? Comment honorer la dimension sacramentelle (célébration) de la Parole et la dimension prophétique (parole) de l'eucharistie ?

– La Parole de Dieu est différente à chaque eucharistie ; elle est une invitation de Dieu au présent pour ceux qui sont assemblés. Comment le suggérer ?

– Ne convient-il pas autant que possible de consacrer et de rompre le pain eucharistique des fidèles à chaque eucharistie plutôt que de recourir à la réserve eucharistique ? Le pain consacré à chaque eucharistie est en effet lourd de la Parole qu'aujourd'hui le Seigneur adresse à son peuple ; sur le pain a reposé la bénédiction de l'Église (prière eucharistique) au présent.

Toute célébration est unique ; les intentions de prière le montrent bien, qui prennent en charge les nécessités du moment présent.

3. *Eucharistie et Église*

La sacramentalité de l'Église a été clairement affirmée par Vatican II (*Lumen Gentium* 1). L'Église célèbre les sacrements du salut parce qu'elle est le lieu sacramentel privilégié en ce monde.

Questions

– Quel style la communauté chrétienne doit-elle trouver pour être « signe du salut » au cœur de la célébration et dans les activités courantes, tant pastorales au sens fort que de « présence au monde » ?

– Comment apprécier le critère d' « ambiance » de la célébration ?

– Comment la communauté chrétienne peut-elle devenir une « Église-eucharistique », le peuple de l'action de grâce ? Quels signes en donnera-t-elle ?

4. *Eucharistie et Esprit Saint*

L'Esprit Saint est l'acteur principal du temps de l'Église. Il est heureux que la théologie redécouvre sa place et que la célébration de l'eucharistie intègre aujourd'hui la double épiclèse.

Questions

– Comment prendre conscience de l'action de l'Esprit Saint dans l'eucharistie et mettre en valeur les prières d'épiclèse ?

– L'espérance, vertu majeure pour le temps présent, est-elle stimulée par la présence de l'Esprit au sein de l'eucharistie ?

5. *Eucharistie et Ressuscité*

Le Christ est « sacrement de la rencontre de Dieu » (E. Schillebeeckx). La présence eucharistique du Christ ne peut se fonder uniquement dans son rapport à la Cène ni à la Passion. C'est l'aujourd'hui du Christ qui est présent à l'eucharistie. Du reste, ce n'est pas le vendredi (mémoire de la mort du Christ) qui a été retenu comme jour de l'assemblée chrétienne mais le dimanche.

Questions

– Comment valoriser l'eucharistie de Pâques, principalement de la Nuit pascale ?

– Comment faire percevoir la richesse de la présence eucharistique, présence du crucifié-ressuscité ? Notamment au plan de la spiritualité et de la pratique de l'adoration eucharistique ?

6. *Eucharistie et vie évangelique*

L'éthique chrétienne est moins une conséquence de la foi qu'un lieu où celle-ci peut se vivre. La célébration et l'agir quotidien sont tous deux de nature sacramentelle, des signes à travers lesquels Dieu nous parle et à travers lesquels nous pouvons lui rendre grâce.

Questions

– Comment éveiller les chrétiens aux exigences évangéliques perçues au cours des célébrations ?

– Comment éveiller les chrétiens à la dimension d'action de grâce à vivre au cœur de l'engagement ?

Il y a plus ici que la présence du Christ

P. DE CLERCK

Le titre de cet article est inspiré par les paroles de Jésus : « Il y a plus ici que Jonas..., il y a plus ici que Salomon » (Mt 12,41-42). Le Christ les prend cependant en un sens un peu différent. Car les paroles évangéliques affirment que Jésus, qui vient après Salomon et Jonas, est plus grand qu'eux. Cet article voudrait, pour sa part, montrer que si l'eucharistie implique le mystère de la présence du Christ sous les espèces du pain et du vin, elle ne s'y limite cependant pas. Ses dimensions sont plus nombreuses et plus vastes; le travail théologique de ce siècle, entériné par le deuxième concile du Vatican, nous la restitue de façon plus plénière, et c'est un immense bénéfice.

Pour beaucoup de catholiques en effet, ce sacrement se résume à « la présence du Christ dans l'eucharistie ». Le mot *présence* est sans doute le plus usité dans le langage habituel sur l'eucharistie, notamment dans la fameuse formule « la présence réelle ». En fait, cette notion n'appartient pas à l'Église ancienne ni au vocabulaire liturgique[1]; elle a été particulièrement mise en relief au 13e siècle, le siècle de sainte Julienne. Elle a trouvé des points d'ancrage dans la pratique liturgique : c'est depuis lors que, après les paroles de la consécration, le prêtre élève l'hostie, puis le calice, et que cette « grande élévation » a détrôné celle qui accompagne la doxologie finale de la prière eucharistique, reléguée au rang de « petite élévation »[2]; c'est aussi lors de la consécration que l'acolyte agite la clochette et que l'on fait éventuellement sonner les cloches de la tour. Ceci s'est fait pendant des siècles, il faut le rappeler, sans que les fidèles ne

---

[1] Sinon dans la formulation française peu satisfaisante de la Prière eucharistique issue du Synode suisse, appelée aussi Prière eucharistique pour des rassemblements, qui a heureusement fait l'objet d'une révision ; depuis 1991, en effet, elle a été rebaptisée Prière eucharistique pour des circonstances particulières, cf. P. DE CLERCK, « La révision de la prière eucharistique 'suisse' », dans *La Maison-Dieu* 191, 1992/3, p. 61-68.

[2] Cf. P. DE CLERCK, « Élévation », dans A. VAUCHEZ (dir.), *Dictionnaire encyclopédique du moyen âge*, Paris, Cerf, 1997, t. 1, p. 519.

communient, sinon très rarement[3]; ce fait tendait à fixer davantage encore l'attention sur la seule consécration.

L'élargissement de Vatican II

Dans un passage aux répercussions très importantes, le dernier concile nous invite pourtant à élargir considérablement notre conception de la présence du Christ ; la Constitution sur la liturgie écrit en effet :

> « Pour accomplir une si grande œuvre [le mystère du salut], le Christ est toujours présent à son Église, surtout dans les actions liturgiques. Il est là présent dans le sacrifice de la messe, dans la personne du ministre, "le même, qui s'offrant maintenant par le ministère des prêtres, s'offrit alors lui-même sur la croix" (S. Augustin) et, au plus haut degré, sous les espèces eucharistiques. Il est là présent, par sa puissance, dans les sacrements, si bien que lorsque quelqu'un baptise, c'est le Christ lui-même qui baptise. Il est là présent dans sa parole, puisque lui-même parle tandis que sont lues dans l'Église les Saintes Écritures. Enfin, il est là présent lorsque l'Église prie et chante les psaumes, lui qui a promis : "Là où deux ou trois sont rassemblés en mon nom, je suis là au milieu d'eux" (Mt 18,20) »[4].

Le point fort du texte consiste à proposer diverses manières dont le Christ se rend présent à nous, mais aussi à en signaler des densités différentes, puisqu'il distingue l'eucharistie des autres sacrements où le Christ est présent « par sa puissance » ; pour la première, le concile précise que le Christ est présent « au plus haut degré » sous les espèces. C'est ce qui a fait écrire admirablement à Paul VI que cette présence, « on la nomme 'réelle' non à titre exclusif, comme si les autres présences n'étaient pas réelles, mais par excellence »[5] ; à ces mots, le *Catéchisme de l'Église catholique* ajoute encore : « parce qu'elle est *substantielle*, et que par elle le Christ, Dieu et homme, se rend présent tout entier »[6]. Effectivement, si la Parole de Dieu est proclamée dans l'assemblée liturgique, c'est bien parce que les chrétiens croient que le Christ, ressuscité et vivant, leur

---

[3] « Dieu ton sauveur tu recevras, au moins à Pâques dignement » disait le 5e commandement de l'Église, qui provient du 4e concile de Latran, tenu à Rome en 1215, au début de ce même 13e siècle.

[4] Vatican II, Constitution *Sacrosanctum concilium*, n° 7.

[5] PAUL VI, Encyclique *Mysterium fidei* (1965), n° 39, repris dans l'Instruction *Eucharisticum mysterium* (1967), n° 9, dans le *Rituel de l'Eucharistie en dehors de la messe*, n° 6, et dans le *Catéchisme de l'Église catholique*, n° 1374.

[6] *Catéchisme de l'Église catholique*, n° 1374.

adresse aujourd'hui la parole ; s'ils se lèvent pour écouter l'Évangile, c'est bien pour manifester corporellement la foi dans ce qu'ils considèrent comme la Parole de Dieu par excellence, celle qui leur vient du Fils de Dieu lui-même. À l'invitation du ministre qui va proclamer l'évangile, ils répondent d'ailleurs : « Gloire à toi, Seigneur » ; après la lecture, ils reprennent : « Louange à toi, Seigneur Jésus ».

Ceci nous mène à réagir d'emblée contre l'expression souvent entendue : « l'eucharistie rend le Christ présent ». Elle reflète une conception des sacrements selon laquelle ceux-ci seraient à l'origine de la présence du Christ. Les sacrements risquent alors d'être compris sur l'arrière-fond de la non-présence du Christ ; à la limite, ils seraient considérés comme des moyens suffisamment puissants dans la main des hommes pour rendre le Christ présent ... alors qu'Il ne le serait pas sans eux. On inverse là dangereusement la logique sacramentelle ; ce ne sont pas les sacrements qui causent la présence du Christ, mais c'est parce que le Christ est ressuscité et présent au monde et à l'Église que les sacrements sont possibles, et nous manifestent sensiblement sa présence et son action. La résurrection du Christ, en ce sens, est une condition de possibilité des sacrements. La pratique liturgique en connaît une illustration majeure ; ce n'est pas d'abord le jeudi que les chrétiens sont invités à célébrer l'eucharistie, en souvenir de la Dernière Cène ; ni le vendredi, pour se rappeler la croix ; ni le samedi, pour pleurer la mort de Jésus. Mais le dimanche, le jour de la résurrection ! Ce n'est qu'après la Résurrection du Seigneur que l'on peut, non pas mimer ses gestes du Jeudi saint, mais rendre grâce au Père. Car Dieu a ressuscité celui qui, la veille de sa passion, a affronté la mort qui le menaçait en se livrant à son Père et à ses amis, signe du plus grand amour qui peut animer quelqu'un (Jn 15,13). Comme le résume de façon saisissante l'acclamation d'anamnèse, chaque eucharistie proclame la mort du Seigneur, mais célèbre indissociablement sa résurrection. Elle est action de grâce pour la fécondité de la mort du Christ, mieux : pour l'amour dont il a témoigné en n'hésitant pas à signer ses paroles et ses actes antérieurs, la mort dût-elle s'ensuivre.

Le propos de cet article est donc de situer la notion de la présence du Christ, dans le cadre d'une compréhension générale de l'eucharistie, et de mettre en relief ses autres dimensions.

Quelques données du Nouveau Testament

Le Nouveau Testament n'utilise pas le vocabulaire de la présence pour parler de l'eucharistie. Les Pères de l'Église et les théologiens du haut moyen âge ne le font guère davantage. Bien sûr, ils ne nient pas que le Christ soit présent lorsque l'Église célèbre l'eucharistie, mais ils abordent la question différemment. Un bon exemple en est fourni par le récit d'Emmaüs (Lc 24,13-35) qui, notons-le bien, est situé dans l'évangile de Luc au soir de Pâques. Le ressuscité fait route avec les deux pèlerins désespérés, et leur annonce la Parole au point de leur réchauffer le cœur ; quand ils l'eurent convié à rester avec eux, une fois à table, le Seigneur « prit du pain, prononça la bénédiction, le rompit et le leur donna. Alors leurs yeux s'ouvrirent et ils le reconnurent » (v. 30-31). Ils le reconnaissent grâce à la fraction du pain, mais tout le récit est basé sur la présence du ressuscité à leurs côtés, sur les chemins de leur vie où ils marchent sans espérance et où il leur adresse une parole vivifiante, comme aussi à table où il rend grâce et leur rompt le pain qui est son corps. Sans la présence du ressuscité, le récit n'aurait pas pu être écrit ; mais cette présence ne se limite pas à la table eucharistique et aux espèces consacrées. Il est d'ailleurs typique que rien ne soit dit, dans le Nouveau Testament, du président de l'eucharistie ; les premiers chrétiens expriment par là l'évidence de leur conviction que c'est le Christ qui les rassemble, leur adresse sa parole et les nourrit de son corps et de son sang. C'est « le repas du Seigneur » (1 Co 11,20), entendons : le repas auquel nous convie le Ressuscité pour nous faire passer dans sa mort et sa résurrection.

Transsubstantiation et présence du Christ dans l'eucharistie

Le vocabulaire de la présence deviendra prépondérant au cours du second millénaire, singulièrement à partir du 12ᵉ siècle, lorsque des difficultés de type philosophico-théologique surviendront pour rendre compte de la manière dont on peut fonder la foi dans la présence du corps et du sang du Christ grâce aux espèces eucharistiques. La question est précise ; elle ne concerne plus l'ensemble de la célébration ; elle n'englobe plus la liturgie de la Parole, par exemple, mais se limite à la manière de comprendre correctement la consécration. La réponse des théologiens consistera à préciser ce qu'on appelait jusque là, par des mots divers, la transformation du pain et du vin, leur transfiguration, leur mutation, leur sanctification. Ils exprimeront la foi en la conversion substantielle des éléments eucharistiques ; faisant de plus en plus appel à des catégories philosophiques provenant d'Aristote, qui distingue dans les réalités leur substance fondamentale et leur apparence (les espèces ou les accidents), ils créeront le terme trans-substantiation[7]. Celui-ci veut dire que le pain et le vin changent de substance ; leur réalité profonde est modifiée du tout au tout pour devenir celle du corps et du sang du Christ; seules leurs apparences restent celles de pain et de vin. C'est depuis lors que, utilisant sans le savoir un vocabulaire aristotélicien, les chrétiens parlent des « espèces » eucharistiques, ou de « la communion sous les deux espèces ».

Le concile de Trente (1545-1563) exprimera ces données dans les textes suivants :

> « Si quelqu'un dit que dans le très saint sacrement de l'eucharistie ne sont pas contenus vraiment, réellement et substantiellement le Corps et le Sang en même temps que l'âme et la divinité de notre Seigneur Jésus Christ et, en conséquence, le Christ tout entier, mais dit qu'ils n'y sont qu'en tant que dans un signe ou en figure ou virtuellement : qu'il soit anathème ».

> « Si quelqu'un dit que, dans le très saint sacrement de l'eucharistie, la substance du pain et du vin demeure avec le Corps et le Sang de notre Seigneur Jésus Christ, et s'il nie ce changement admirable et unique de toute la substance du pain en son Corps et de toute la substance du vin en son Sang, alors que demeurent les espèces du pain et du vin, changement que l'Église catholique appelle d'une manière très appropriée transsubstantiation : qu'il soit anathème »[8].

Les théologiens, à partir des 12e-13e siècles, parlent donc de conversion substantielle ou de transsubstantiation ; saint Thomas préfère le premier terme[9]. La majorité des chrétiens, pour sa part, traduira ces expressions

---

[7] Le terme apparaît pour la première fois dans un texte conciliaire au IVe concile du Latran (1215), P. HÜNERMANN ET J. HOFFMAN (éd.), *Symboles et définitions de la foi catholique*, Paris, Cerf, 1996, n° 802. Sur cette notion, on peut lire Ph. ROUILLARD, « Transsubstantiation », dans *Catholicisme* 15, 1997, col. 245-250 ; D.W. FAGERBERG, « Translating Transsubstantiation », dans *Antiphon* 6, 2001/3, p. 9-13. Sur l'ensemble de ces développements, on peut lire G. MACY, « L'Eucharistie en Occident de 1000 à 1300 », dans M. BROUARD (dir.), *Eucharistia. Encyclopédie de l'Eucharistie*, Paris, Cerf, 2002, p. 175-193.

[8] Concile de Trente, XIIIe session (1551), canons 1 et 2, dans P. HÜNERMANN et J. HOFFMAN (éd.), *op. cit.*, nos 1651-1652.

[9] Cfr P.-M. GY, « Eucharistie. B. Théologie historique », dans J.-Y. LACOSTE (dir.), *Dictionnaire critique de théologie*, Paris, PUF, 1998, p. 433.

techniques dans le vocabulaire de « la présence du Christ sous les espèces du pain et du vin », alors que saint Thomas, encore une fois, n'affectionnait pas le terme présence, estimant qu'il relevait de la catégorie de la localisation[10]. Un indice en est, par exemple, le fait qu'à partir de ce moment, on commence à interpréter à propos de l'eucharistie le dernier verset de l'évangile de Matthieu : « Et moi, je suis avec vous tous les jours jusqu'à la fin des temps » (Mt 28,20)[11]. C'est ce qu'on a appelé une compréhension *présentialiste* de l'eucharistie[12].

C'est dans ce contexte que sainte Julienne du Mont-Cornillon sera à l'origine de la Fête-Dieu, célébrée pour la première fois à Liège en 1246, et à Rome en 1264, puis étendue à l'Église universelle par le pape Clément V au début du 14e siècle[13]. On connaît l'extraordinaire succès de cette fête, sur toute l'étendue de la terre ; on sait moins que c'est saint Thomas lui-même qui en composa les textes liturgiques[14].

La force des gestes du Christ

Il faut noter encore que le contexte philosophique dans lequel ces expressions se sont forgées a laissé de côté des aspects importants de l'eucharistie, qui en assurent la dynamique. Car Jésus ne nous a pas donné du pain et du vin, mais un pain *rompu* et une coupe *partagée* ! Ces deux participes renvoient au contexte dans lequel Jésus a célébré la Cène ; les circonstances, loin d'être iréniques, sont celles d'une trahison, d'une condamnation et d'une mort prochaine. Devant le drame qui s'annonce,

---

[10] *Ibidem.*

[11] Le premier théologien à le faire semble être le cistercien Baudouin de Ford, dans son livre sur *Le sacrement de l'autel* (coll. *Sources chrétiennes*, 93-94), écrit entre 1161 et 1180. Cfr P.-M. GY, « L'Office du *Corpus Christi*, œuvre de S. Thomas d'Aquin », dans ID., *La liturgie dans l'histoire* (coll. *Liturgie*, 1), Paris, Cerf, 1990, p. 237.

[12] Cfr A. GUITTON, « L'évolution de la dévotion eucharistique dans une congrégation religieuse », dans *La Maison Dieu* 203, 1995/3, p. 85-96 ; ce numéro est tout entier consacré à *La spiritualité de l'Eucharistie*.

[13] Voir à ce propos A. HAQUIN (éd.), *Fête-Dieu (1246-1996)*. T. 1. *Actes du colloque de Liège, 12-14 septembre 1996* et T. 2. *Vie de sainte Julienne de Cornillon*, éd. critique par J.-P. DELVILLE, Louvain-la-Neuve, Publications de l'Institut d'Études médiévales, 1999, 244 et 282 p.

[14] P.-M. GY, « L'Office du *Corpus Christi*, œuvre de S. Thomas d'Aquin », *op. cit.*, p. 233-245 ; ID., « Office liégeois et office romain de la Fête-Dieu », dans la publication citée à la note précédente, t. 1, p. 115 et 126.

Jésus ne s'éclipse pas, mais il assume la situation et en renverse la logique : alors que Judas et d'autres veulent le livrer, Jésus va *se* livrer. « Ma vie, nul ne la prend, c'est moi qui la donne » (Jn 10,18). Ce dessaisissement de lui-même, Jésus va l'incarner dans les gestes qui sont ceux de l'eucharistie. Prenant le pain, il le brise et dit : ce pain rompu, c'est mon corps, livré pour vous. Pour bien comprendre la portée de sa parole, il faut considérer deux choses. D'abord, le terme corps, en langage biblique, de même que les mots âme, esprit ou cœur, désignent toute la personne ; on pourrait donc traduire : « Me voici », ou « C'est moi ». Il ne nous livre pas quelque chose, ou du pain, comme s'il était boulanger ; il se donne lui-même. De plus, Jésus s'identifie avec un pain qu'il rompt, de même que sa vie sera rompue le lendemain sur la croix ; le geste de la fraction n'est donc pas seulement un geste de partage, pour que chacun reçoive une bouchée, mais un geste hautement symbolique, dans lequel Jésus cristallise ce qui a fait sa vie jusqu'ici et tout l'amour qui l'anime. Dans la fraction du pain, Jésus annonce prophétiquement ce qui lui arrivera le lendemain sur la croix. C'est ce que nous chantons à chaque eucharistie : « Nous proclamons ta mort, Seigneur Jésus ».

En nous donnant à manger ce pain rompu et cette coupe partagée, Jésus nous invite donc à communier non pas seulement à lui, pourrait-on dire, mais à lui dans son passage d'amour à travers la mort. Plus qu'une simple présence, l'eucharistie est une action : d'abord l'action de Jésus lui-même qui, la veille de sa passion, est parvenu à rendre grâce à Dieu, malgré les circonstances dramatiques qu'il connaissait, et à manifester les sentiments qui l'animaient en rompant le pain et en partageant la coupe ; ensuite l'action des Apôtres jadis, et aujourd'hui la nôtre, nous qui sommes invités à le suivre dans son passage à travers la mort, et à en rendre grâce à Dieu.

Il est curieux, sinon stupéfiant, à partir de là, de constater qu'au cours des siècles, on avait presque oublié l'action de grâce, note dominante de l'eucharistie au point d'être son appellation même (le grec *eucharistia* signifiant « action de grâce »), mais aussi la fraction, qui passe encore inaperçue dans la plupart de nos célébrations même si elle est accompagnée par un chant, l'*Agnus Dei*, et encore la communion, que le pape Pie X nous a fait heureusement retrouver au début du 20e siècle. Sans ces autres dimensions, l'insistance sur la présence du Christ peut être empreinte d'un certain statisme, comme si l'eucharistie se limitait à « rendre le Christ présent ». Alors qu'elle est fondamentalement une action, un passage, un difficile dessaisissement de soi-même à la suite du

Seigneur Jésus, une communion à son mystère pascal, tout cela dans l'action de grâce et l'exultation envers Dieu, lui qui a ressuscité son Fils et nous l'a donné comme premier-né de toute la création. Si l'on veut traduire cela en ces pourcentages dont nos contemporains sont si friands, on pourrait dire que pendant les derniers siècles beaucoup de catholiques n'ont vécu que de 20 % de l'eucharistie, n'entendant plus la Parole, n'étant plus guère invités à l'action de grâce, sinon par la préface, ne prenant plus en considération la fraction du pain, sinon par le biais de l'accent mis sur le sacrifice, et ne communiant plus, malgré l'invitation de Jésus à manger et à boire.

Le défi actuel consiste à revivre l'eucharistie à 100 % ! Pour ce faire, il suffit, pourrait-on dire, d'effectuer ce qu'elle nous propose, de nous laisser faire par la manière même dont elle est bâtie. Son déroulement liturgique est le premier itinéraire pour y faire entrer[15].

– Se rassembler

La première dimension de l'eucharistie est le rassemblement, car elle ne peut se réaliser que si des chrétiens se réunissent. Depuis 1 Co 11,17.20, l'assemblée est le premier mot du vocabulaire liturgique. Or une réunion ne se produit pas spontanément ; elle suppose des liens antérieurs, et toute une action, multiforme, pour qu'effectivement, à l'appel du Seigneur, des chrétiens se rassemblent. L'eucharistie ne va donc pas sans préalables : au minimum le baptême, au maximum une communauté de vie, dont les membres viennent alors comme à la source de leur vie commune, la communion eucharistique étant le fondement de la communauté chrétienne. C'est ce que la constitution conciliaire sur la liturgie exprime en disant :

> « La sainte liturgie n'épuise pas toute l'action de l'Église ; car, avant que les hommes puissent accéder à la liturgie, il est nécessaire qu'ils soient appelés à la foi et à la conversion : 'Comment invoqueront-ils celui en qui ils n'ont pas cru ? Comment croiront-ils en lui sans l'avoir entendu ?

---

[15] C'est ainsi que procède le *Catéchisme de l'Église catholique*, en ses n°s 1348-1355. C'est aussi la voie que j'ai proposée pour vivre la prière eucharistique, dans le dernier chapitre (« Comment faire l'expérience de la liturgie ? Liturgie et vie spirituelle ») de mon livre *L'Intelligence de la liturgie* (coll. *Liturgie*, 4), Paris, Cerf, 1995, p. 175-190. Pour l'ensemble de la célébration, lire ID., « La célébration eucharistique. Son sens et sa dynamique », dans M. BROUARD (dir.), *op. cit.*, p. 327-343.

Comment l'entendront-ils sans celui qui le proclame ? Comment le proclameront-ils sans être envoyés ?' (Rm 10,15-15)... Toutefois, la liturgie est le sommet vers lequel tend l'action de l'Église... »[16].

– Écouter la Parole

Une fois rassemblés, les participants écoutent la Parole de Dieu. Depuis le dernier concile, on a heureusement retrouvé sa nourriture savoureuse, et l'on expérimente à nouveau que l'eucharistie dresse la table où les chrétiens se nourrissent tant de la Parole de Dieu que du corps livré et du sang versé de leur Sauveur. Comme l'exprime l'introduction du *Missel* :

> « La messe comporte comme deux parties : la liturgie de la parole et la liturgie eucharistique ; mais elles sont si étroitement liées qu'elles forment un seul acte de culte. En effet, la messe dresse la table aussi bien de la parole de Dieu que du Corps du Seigneur, où les fidèles sont instruits et restaurés. Certains rites ouvrent la célébration et la concluent »[17].

– Rendre grâce

L'écoute de la Parole est indispensable pour que l'action de grâce puisse jaillir. Car comment louer Dieu, le bénir et le chanter, si on ne l'a pas rencontré, si on ne l'a pas écouté, s'il ne nous a pas dévoilé son dessein d'amour, bref si l'on n'a pas de motifs de louange ? La prière eucharistique met en œuvre la deuxième action de Jésus à la Cène : « il prononça la [prière de] bénédiction ». Elle ne se réduit pas à la préface, mais est tout entière une action de grâce, dont les motifs divers sont exprimés notamment dans les préfaces (le Missel en compte aujourd'hui plus de quatre-vingts), et qui culmine dans le motif proprement eucharistique : les gestes de Jésus, qui la veille de sa passion, livra sa vie par amour pour ses amis.

L'action de grâce, on le voit, se fait pour une action, celle de Jésus et la nôtre à sa suite. C'est ce que signifie le terme de mémorial, souvent utilisé pour parler de l'eucharistie, selon le commandement de Jésus : « Faites ceci en mémoire de moi ». *Mémoire* ne se réduit pas ici à souvenir, comme s'il s'agissait de se rappeler le passé ou de se transporter en esprit à la

---

[16] *Sacrosanctum concilium*, n°s 9-10.

[17] *Présentation générale du Missel romain*, n° 8. Sur les deux Tables, lire R. CHENO, « La structure de la messe et la *lex orandi* », dans *La Maison Dieu* 188, 1991/4, p. 109-127.

Dernière Cène. Le terme *mémorial* veut dire que l'eucharistie est l'action présente du ressuscité ; c'est lui, aujourd'hui, qui nous entraîne à sa suite, grâce aux gestes qu'il posa à la veille de sa passion. La mise en relief de cette action présente, qui se réalise dans la prière eucharistique, fait saisir la différence entre l'eucharistie et toute autre prière, comme les Assemblées dominicales en l'absence de prêtre ; ce qui manque là, c'est la re-présentation, l'actualisation des gestes du Christ pour le monde d'aujourd'hui[18].

– Dans l'Esprit

Au cours de l'action de grâce, on demande deux fois au Père de nous envoyer l'Esprit Saint. Voilà encore une dimension de l'eucharistie, très peu présente à la conscience des catholiques qui n'ont guère entendu parler du rôle de l'Esprit dans l'eucharistie. C'est dans le souffle de l'Esprit qu'elle se célèbre et qu'elle fait de nous des créatures nouvelles. La première de ces deux invocations, que l'on appelle techniquement des épiclèses, demande au Père que l'Esprit de sainteté vienne sanctifier les dons; la seconde, qu'en communiant aux saints dons, les participants soient sanctifiés eux aussi. Dans la liturgie byzantine, le diacre invite à la communion en disant : « *Sancta sanctis* – Les réalités saintes sont pour les saints »[19]. Le rapport entre les deux épiclèses est très important pour souligner la dynamique de l'eucharistie; celle-ci ne se limite pas à la sanctification des dons, qui est elle-même finalisée par la communion. Les Occidentaux sont plus habitués à parler de consécration que de sanctification ; ce dernier vocable a cependant l'avantage de manifester que la transformation des espèces est l'œuvre de l'Esprit Saint. En ce sens, on remarquera que le *Catéchisme de l'Église catholique* traite de la

---

[18] La notion de mémorial invite aussi à communier au pain consacré lors de la présente eucharistie, sans faire trop facilement appel à la réserve; cet usage trop répandu, à l'encontre des prescriptions de l'Église, affaiblit la conscience de communier à l'action présente du Christ. Vatican II lui-même a réagi, dans la Constitution sur la liturgie, qui stipule : « On recommande fortement cette parfaite participation à la messe qui consiste en ce que les fidèles, après la communion du prêtre, reçoivent le corps du Seigneur avec des pains consacrés à ce même sacrifice » (n° 55).

[19] W. RORDORF, « Τὰ ἅγια τοῖς ἁγίοις », dans *Istina* 72, 1999/3-4, p. 346-364.

présence du Christ aux numéros 1373-1381 sous le titre « La présence du Christ par la puissance de sa Parole et de l'Esprit Saint »[20].

– Communier

Toute l'eucharistie culmine alors dans la communion des participants. Ici encore, nous sommes invités à plus de dynamisme qu'on ne le dit habituellement. Car nous ne recevons pas seulement la présence du Christ, mais le Christ en la donation de lui-même jusqu'à la mort, et ressuscité par Dieu dans la force de l'Esprit. Communiant ensemble, nous sommes faits Église. Commentant les rites de communion, saint Augustin écrivait :

> « 'Vous êtes le corps du Christ et ses membres' (1 Co 12,27). Puisque vous êtes le corps du Christ et ses membres, c'est votre propre mystère qui repose sur la table du Seigneur... C'est à ce que vous êtes que vous répondez *Amen*... Sois un membre du Corps du Christ pour que ton Amen soit vrai... Soyez ce que vous voyez et recevez ce que vous êtes »[21].

Il y a ici à retrouver le sens des rites qui nous font communier, depuis le Notre Père jusqu'à la prière après la communion[22].

– Être envoyé

L'eucharistie se termine par un envoi. Il lui est essentiel. Il signale en effet que les chrétiens ne sont pas destinés à rester confinés dans leur lieu de culte, mais que l'eucharistie les renvoie à leurs chantiers de travail, pour réaliser là ce qu'ils ont appris à faire ensemble à la suite du Seigneur.

---

[20] Sur les épiclèses, on peut lire P. DE CLERCK, « Les épiclèses des nouvelles prières eucharistiques du rite romain. Leur importance théologique », dans *Ecclesia orans* 16, 1999/2, p. 189-208.

[21] AUGUSTIN, Sermon 272, dans A. HAMMAN, *La messe. Liturgies anciennes et textes patristiques* (coll. *Lettres chrétiennes*, 9), Paris, Grasset, 1964, p. 225, repris dans la collection *Les Pères dans la foi*, Paris, Desclée de Brouwer, 1981. Sur ces thèmes, on lira avec profit le livre de J.M.R. TILLARD, *Chair de l'Église, chair du Christ. Aux sources de l'ecclésiologie de communion* (coll. *Cogitatio fidei*, 168), Paris, Cerf, 1992.

[22] Cfr P. DE CLERCK, « Une mystagogie des rites de la communion », dans *La Maison Dieu* 226, 2001/2, p. 151-160.

Aujourd'hui et hier

Le lecteur peut estimer que le parcours offert dans la seconde partie de cet article, pour vivre l'eucharistie, est à la fois simple et riche. Il peut aussi éprouver un certain malaise, en n'y trouvant pas les grandes lignes de ce qu'on lui a enseigné à ce propos. Effectivement. La polémique anti-protestante, d'une part, a fortement insisté sur la transsubstantiation et la présence du Christ dans l'eucharistie ; ces expressions étaient devenues des bannières du catholicisme. D'autre part, les catéchismes, et l'enseignement qui en dépendait, étaient structurés à la manière dont le concile de Trente avait abordé l'eucharistie. L'histoire mouvementée de ce concile a fait en sorte que les évêques l'étudient en trois sessions distinctes. Lors de la 13e session (1551), ils abordent l'eucharistie comme sacrement, c'est-à-dire les questions touchant à la présence réelle, à la transsubstantiation et à l'adoration eucharistique. Onze ans plus tard, lors de la 21e session (1562), les Pères conciliaires traitent de la communion, notamment sous les deux espèces et pour les enfants. Enfin, lors de la session suivante (1562), ils étudient « le très saint sacrifice de la messe », en réponse notamment aux critiques protestantes sur la nature même de l'action eucharistique. Depuis lors, le terme *messe* tend à ne plus désigner que sa seconde partie : la liturgie de la Parole n'est en effet pas considérée, quand il s'agit de la nature même de l'acte posé, et les chrétiens s'habitueront à la nommer *avant-messe*.

La lecture de cette histoire nous permet de mieux apprécier le travail de la réforme liturgique. Il s'agit de bien plus, on l'aura compris, que de retourner l'autel ! Sorti de la polémique anti-protestante, enrichi par les renouveaux biblique, patristique et liturgique, le 2e concile du Vatican a donné les cadres d'un abord beaucoup plus large de l'eucharistie et d'une compréhension plus profonde. Non pas en opposition avec la période précédente, mais en situant les apports de celle-ci dans une approche plus ample et plus globale.

Conclusion

Cet article a voulu montrer que l'on avait beaucoup réduit l'ampleur de l'eucharistie, et que « la présence du Christ », si elle lui est constitutive, n'en représente cependant pas le tout, ou mieux : qu'elle doit être située dans une vision globale et dynamique de l'eucharistie. Cette prise de conscience peut se résumer en écrivant que la présence du Christ dans l'eucharistie (l'hostie) n'est qu'un aspect de sa présence dans l'Eucharistie (la célébration). Le 13e siècle et sainte Julienne ont mis en relief la consécration et le culte de l'hostie ; le malheur a voulu que l'insistance sur ces dimensions fasse oublier les autres. Suite aux travaux des théologiens et aux orientations de Vatican II, nous avons la chance de retrouver ces dimensions oubliées, et d'être conviés à entrer dans une compréhension plus équilibrée et plus riche de l'eucharistie, retrouvée en toute son ampleur.

Faisant ici mémoire, nous offrons…

Gh. PINCKERS

LA PRIÈRE EUCHARISTIQUE, NORME POUR LA FOI

La prière eucharistique est située au cœur de la célébration du *Repas du Seigneur,* et elle en indique le sens fondamental. Selon une appellation ancienne, elle en est le *canon,* c'est-à-dire la règle.

Cette norme est-elle utile pour évaluer la portée d'affirmations qui se sont imposées au cours du temps, dans le cadre de la réflexion théologique, voire polémique, en rapport plus ou moins harmonieux avec la manière liturgique d'exprimer la foi ? Nous le pensons. Parmi ces affirmations, il en est une dont le contenu est d'autant plus important qu'il est subtil et susceptible de recevoir des interprétations diverses. La tradition ancienne et confirmée par le dogme affirme que la messe est un vrai sacrifice[1]. Mais en quel sens ? Que doit-on et que peut-on entendre, en ce cas précis, par le terme de *sacrifice.* Nous proposons d'examiner cela à la lumière de la règle de la foi que représente la prière eucharistique.

L'importance œcuménique de cette recherche, aujourd'hui bien balisée[2], n'échappera à personne. Qu'il suffise d'évoquer les réformateurs du XVIe siècle qui ont jugé bon de supprimer la prière eucharistique, même dans les cas où ils restaient attachés aux formes liturgiques de la célébration. La question du sacrifice et de l'offrande, posée en confrontation avec les pratiques catholiques que les réformateurs jugeaient hétérodoxes, fut déterminante en cette affaire, même s'il faut admettre qu'on aurait pu être plus nuancé de part et d'autre[3].

Quelques précisions s'imposent dès le point de départ. Si la prière eucharistique constitue une norme pour la foi, il faut l'interpréter pour ce qu'elle est. Ainsi, ne peut-on oublier qu'elle s'insère dans un ensemble

---

[1] Concile de Trente, session XXII, Denz., éd. 1976, n° 1751.

[2] Les études ne manquent pas, particulièrement dans le cadre de la *Societas liturgica.* Cf. dans *La Maison-Dieu*, les parutions 123 (1975), 125 (1976), 154 (1983), 204 (1995).

[3] J'ai abordé cette question à partir des ordinations anglicanes dans *Le semeur sortit pour semer*, Liège, Grand Séminaire, 1992.

rituel auquel elle apporte une plénitude de sens. Elle est la prière fondamentale d'une action sacramentelle qui s'enracine dans une liturgie de la Parole, comporte l'apport des offrandes, la fraction du pain, et s'accomplit dans la communion des fidèles. En dehors de ce vaste ensemble, elle est incompréhensible, car elle relève plus du domaine de l'agir que de celui de la théorie et ne se présente pas comme un résumé de théologie. De plus, sa nature de prière sacramentelle la dote d'une efficacité particulière : son sens n'apparaît qu'en fonction du but poursuivi par le rite sacramentel et qui s'exprime à travers l'ensemble de la célébration, notamment en fonction du rassemblement ecclésial, de la richesse de l'apport des offrandes et de la sanctification du pain et du vin en vue de la communion. On n'oubliera pas non plus que le contenu des prières eucharistiques est complexe et que divers « thèmes » s'y entrecroisent en s'éclairant l'un l'autre. Néanmoins, malgré cette complexité, ces prières ont été composées comme des ensembles cohérents.

En examinant ce que les prières eucharistiques (P.E.) disent au sujet du sacrifice (ou de l'offrande, car les deux termes sont voisins), nous serons amenés à constater que la manière de s'exprimer peut varier d'un texte à l'autre. Il n'y a pas lieu de s'en étonner, puisque les P.E. n'ont pas la prétention de fournir une théologiqe complète. On pourrait étudier ces nuances à partir de l'histoire de leurs origines et de préoccupations diverses, mais concrètement, nous prendrons ici en compte l'ensemble des prières reconnues pour la pratique actuelle, en les enrichissant et en les nuançant l'une par l'autre.

Le sacrifice d'action de grâce

Rendons grâce au Seigneur notre Dieu !

D'un point de vue littéraire et immédiat, la prière eucharistique apparaît, du début à la fin, comme un discours émerveillé de louange et d'action de grâce. L'invitation du dialogue initial se retrouve enrichie, en inclusion, à la fin du parcours : « Rendons grâce au Seigneur notre Dieu... À toi, tout honneur et toute gloire ! ». De manière plus ou moins élaborée, les P.E. développent les motifs de l'action de grâce, en évoquant les hauts faits de la bonté de Dieu, qui culminent toujours, d'une façon ou d'une autre, dans le don de Jésus Christ et son œuvre pour le salut des hommes. La P.E. IV est, à ce point de vue, exemplaire.

On remarquera avec intérêt que l'évocation de la Dernière Cène (qui possède par ailleurs un statut performatif original, renforcé par l'épiclèse dite consécratoire) se présente, elle aussi, incluse dans le récit et la louange. Au moment où l'Église demande à Dieu de consacrer le pain et le vin, elle raconte devant lui ce que le Christ a dit et fait alors qu'il livrait à ses disciples le commandement de faire cela en mémoire de lui.

Il ne peut être question de traiter ce genre littéraire comme un motif purement décoratif, d'autant plus que l'action de grâce dont il est question implique beaucoup plus qu'un simple remerciement ou que l'expression d'un sentiment de gratitude, serait-ce à l'égard de Dieu. Pour notre propos, comprendre que la prière eucharistique comporte la mention de l'offrande – et par là une référence sacrificielle – n'est possible qu'en analysant avec précision la nature de l'action de grâce, c'est-à-dire de l'*eucharistie* biblique et sacramentelle.

On peut certes, d'un point de vue abstrait, remercier quelqu'un sans rien lui offrir en retour, encore que ce serait fort peu humain[4], mais la bénédiction biblique ne l'entend pas ainsi. Si elle fait mention devant Dieu de tout ce que lui doivent ses fidèles, à la suite de leurs pères, c'est avec la conscience que ses dons appellent en retour un libre engagement, ou mieux une mise au service de l'Alliance scellée entre Dieu et les hommes. Un petit mot, au terme de l'action de grâce, le suggère souvent : « et maintenant nous voici ... ». Dieu n'a rien fait, n'a rien créé, rien engagé dans l'histoire des hommes, que ce ne soit en vue bonheur et du progrès de l'humanité et d'abord de son peuple et ses fidèles, au service des autres. On ne peut l'en remercier en l'oubliant. On le peut d'autant moins quand on fait mémoire du Christ et de tout ce qu'il a fait pour nous, comme c'est le cas lors de l'Eucharistie. Or, dans le langage rituel, cette adéquation libre aux bienfaits de Dieu, cette donation de soi, se nomme « offrande » ou, si l'on veut, malgré la subtilité du terme, « sacrifice ». Plus précisément, *sacrifice de louange.*

---

[4] L'analyse de la notion de sacrifice à partir des observations des sciences humaines met en valeur le « contre-don » qui répond au cadeau reçu. Il n'y est point question de réciprocité marchande, mais d'expression d'une gratuité réciproque. Cf. L.M. CHAUVET, *Symbole et Sacrement,* Paris, Cerf, 1987.

Offre à Dieu le sacrifice d'action de grâce !

Au cœur de la prière eucharistique, une formule très dense le dit en quelques mots : « Faisant ici mémoire... nous t'offrons... en te rendant grâce » (*memores... offerimus... gratias agentes*). Mais on notera d'emblée que le « faire mémoire » a été lui-même amené par la mention des actions de Dieu dans l'histoire de l'Alliance, pour lesquelles nous rendons grâce. Plus précisément, c'est la mention de ce que le Christ a fait et dit au cours de la Dernière Cène qui induit la succession « anamnèse–offrande–action de grâce », suite à l'évocation de sa parole : « Vous ferez cela en mémoire de moi ».

L'expression « sacrifice de louange » est explicitiment présente dans le canon romain, où d'ailleurs elle est richement amplifiée :

> « Souviens-toi, Seigneur, de tes serviteurs
> et de tous ceux qui sont ici réunis,
> dont tu connais la foi et l'attachement (*devotio*).
> Nous t'offrons pour eux,
> ou ils t'offrent pour eux-mêmes et tous les leurs,
> ce sacrifice de louange (*sacrificium laudis*),
> pour leur propre rédemption,
> pour le salut qu'ils espèrent,
> et ils te rendent cet hommage (*tibi reddunt vota sua*),
> à toi, Dieu éternel, vivant et vrai »[5].

On pourrait s'étonner qu'un « sacrifice de louange », un « hommage rendu à Dieu » dans la « foi et l'attachement », puisse être offert « pour » telle ou telle intention (« pour eux et tous les leurs »). On pourrait rêver que *l'hommage* apparaisse plus gratuit, mais ce rêve serait faux. Certes, des déviations sont toujours possibles, mais la demande porte ici sur le cœur même de toute prière chrétienne, à savoir le salut, c'est-à-dire l'adéquation

---

[5] La version française, dûment approuvée et promulguée, est assez littérale. Celle en néerlandais, tout aussi authentique, l'est moins sans pour autant être infidèle. Cette diversité des traductions est un fait liturgique intéressant, sur lequel nous reviendrons. Voici le texte du missel néerlandais : « *...Gij kent hun geloof, gij weet dat zij U willen dienen. In naam van hen die U het offer brengen, van hun aanbidding en hun dankbaarheid, in naam van allen smeken wij U : houd hen in leven want op U hopen zij, bevrijd hun hart en maak hen heilig, Gij, eeuwige en waarachtige, levende God* ». Le *sacrificium laudis* est bien rendu par les expressions : *die U het offer brengen, van hun aanbidding en hun dankbaarheid.*

au dessein de Dieu. Tel est bien l'usage biblique du sacrifice d'action de grâce, comme il apparaît, par exemple, dans le psaume 116 (115) :

> « Comment rendrai-je au Seigneur
> tout le bien qu'il m'a fait ?
> J'élèverai la coupe du salut,
> j'invoquerai le nom du Seigneur.
> Je t'offrirai le sacrifice d'action de grâce,
> J'invoquerai le nom du Seigneur.
> Je tiendrai mes promesses au Seigneur,
> oui, devant tout son peuple ».

Le psaume 50 (49), dans un contexte polémique, est aussi typique :

> « Assemblez devant moi mes fidèles,
> eux qui scellent d'un sacrifice mon alliance ...
> Je ne t'accuse pas pour tes sacrifices,
> tes holocaustes sont toujours devant moi...
> Vais-je manger la chair des taureaux
> et boire le sang des béliers ?
> Offre à Dieu le sacrifice d'action de grâce,
> accomplis tes vœux envers le Très-Haut ».

Certes, le sacrifice d'action de grâce met en avant la reconnaissance de celui qui l'offre et il est accompagné de louanges et de gestes de fête[6], mais il demeure un authentique sacrifice, c'est-à-dire qu'il entend exprimer, par une démarche significative, l'adéquation des fidèles au dessein salvifique du Dieu de l'Alliance. Il rend à Dieu grâce pour grâce. La déviation serait

---

[6] Dans une bonne étude sur *Eucharistie et sacrifice dans l'Ancien Testament,* parue en 1975 (dans *La Maison-Dieu*, 123), H. Cazelles estimait déjà que les études sur les sacrifices juifs et sur le *tôdah* permettent de sortir de l'impasse où mènerait l'assimilation de l'eucharistie à une simple *berakah* (bénédiction) de type sacrificiel. Le mot hébreu *tôdah* désigne les sacrifices de communion et d'action de grâce, où les offrants recevaient une part de la victime offerte et immolée pour s'en nourrir en même temps qu'ils accompagnaient ce repas de joyeuses libations et de chants de fête. Progressivement et surtout à cause du monopole exercé par les sacrifices d'expiation, le terme *tôdah* s'est spiritualisé, désignant plutôt une attitude intérieure de reconnaissance, mais sans perdre, pour autant, sa référence à la notion de sacrifice. C'est le cas dans les psaumes cités. Sur le rapport entre le *tôdah* biblique et l'*eucharistia* chrétienne, cf. H. CAZELLES, *loc. cit.,* Th. TALLEY, *De la "berakah" à l'Eucharistie. Une question à réexaminer,* dans *La Maison-Dieu,* t. 125, 1976, p. 11-39, ou encore P. BRADSHAW, *La liturgie chrétienne en ses origines,* Paris, Cerf, 1995, p. 170 s. Les références à la *Didachè* et à Philon, qui dépassent notre propos, sont pourtant importantes.

de proposer à Dieu une sorte de marchandage en forme de donnant-donnant, mais un pareil sacrifice ne serait plus d'action de grâce ! Il ne serait ni biblique ni eucharistique.

Sacrifice ...

Qu'est-ce qu'un sacrifice, si on comprend le terme dans la sphère religieuse[7]? En fait, tout dépend de la conception que l'on se fait de Dieu et de l'existence par rapport à lui. La conception biblique et chrétienne accentue la gratuité de l'amour de Dieu à l'égard des hommes et ne voit pas ce qu'on pourrait lui offrir d'autre que l'action de grâce, sans pour autant exclure des gestes concrets et significatifs. L'expression la plus simple du sacrifice s'exprime ainsi : « Tout vient de toi et nous t'offrons ce que nous donne ta main » (1 Ch 29,14).

Il est vrai que nous faisons usage de ces biens et que, si notre vie elle-même est vécue comme don de Dieu, cela ne nous empêche pas de la vivre en pleine liberté, mais le sacrifice consiste précisément à reconnaître Dieu comme source de tout notre être et de tout notre vécu. En prélevant de nos biens pour les présenter à Dieu et en nous consacrant nous-mêmes à lui, nous lui offrons le sacrifice d'action de grâce, que l'Écriture appelle aussi « sacrifice spirituel »[8] .

C'est en ce sens que Paul écrit :

> « Je vous exhorte, frères, à offrir votre personne et votre vie en sacrifice saint, qui plaise à Dieu : voilà le culte spirituel que vous avez à rendre » (Rm 12,1).

Culte spirituel ... *Logikè thusia* ... Il s'agit bien, pour Paul, du don de soi à Dieu, ou encore du labeur apostolique, par lequel l'Apôtre se comprend lui-même comme un « officiant du Christ Jésus », chargé de la « liturgie »

---

[7] Il faut prendre garde qu'à l'époque du christianisme primitif, le terme grec *thusia* était monnaie courante et tendait à désigner des formes diverses du culte, sans nécessairement isoler les sacrifices d'immolation. C'est, dans ce cas, le sens premier du mot qui revient à la surface : reconnaissance de la dépendance à l'égard de Dieu.

[8] La traduction est délicate et même discutée. *Logicos* en grec (qui semble avoir pris la place de *pneumaticos)*, *rationabilis* en latin (là où on aurait attendu *spiritualis)*, désignent ce qui est conforme à l'être humain, et donc à sa spiritualité, par opposition à des pratiques formalistes. Mais il se pourrait que *logicos* renvoie au Christ, qui est le *Logos,* le Verbe. Sur cette question, cf. les études de B. BOTTE et Ch. MOHRMANN sur *L'Ordinaire de la messe,* Paris, Cerf, 1953.

de l'Évangile, « afin que les païens deviennent une offrande agréable, sanctifiée dans l'Esprit Saint » (Rm 15,16). Or, c'est un tel investissement personnel que Paul honore du titre de sacrificiel, ce qui montre à quel point le sacrifice doit être situé, à ses yeux, dans la sphère de l'existence évangélique. C'est en ce sens que le sacrifice chrétien est « spirituel ». Le latin liturgique optera pour le terme *rationabile*, comme on le trouve dans le canon romain : *Quam oblationem, tu, Deus, in omnibus, quaesumus, benedictam, adscriptam, ratam, rationabilem acceptabilemque facere digneris*. Mais il faut prendre garde que *rationabilis* n'équivaut pas à « selon la règle ou la raison ». Ce serait trop peu dire, malgré l'ambiguité du mot.

Sacrifice de communion

Un repas sacrificiel

Il appartient au sacrifice biblique d'action de grâce *(tôdah)* d'être aussi un sacrifice de communion. Les offrants y mangent en commun une part de ce qu'ils ont apporté en sacrifice, en accompagnant ce repas de chants et de joyeuses libations. Même quant le *tôdah* s'est spiritualisé, cette évocation communionnelle lui est restée attachée. Situer la communion eucharistique dans cette ligne est une piste de compréhension précieuse. Certes, le pain et le vin présentés en communion aux fidèles ont entretemps été *sanctifiés* par l'épiclèse et le mémorial du mystère pascal, mais ils n'en ont pas perdu pour autant leur caractère d'offrandes devant Dieu. Ainsi, le rite de communion fait-il corps avec le mouvement d'offrande qui s'exprime notamment dans la prière eucharistique. En ce sens, on peut dire que « communier » constitue un acte sacrificiel, c'est-à-dire la forme la plus poussée d'adéquation à Dieu, telle qu'elle est inaugurée dans l'ensemble du rite eucharistique. Celui qui communie devient « une vivante offrande à la louange de la gloire de Dieu », c'est-à-dire qu'il entre pleinement dans le mouvement du sacrifice d'action de grâce. Action de grâce, repas et sacrifice ne s'opposent pas mais s'appellent l'un l'autre spontanément.

Devenir offrande vivante dans le Christ

Diverses expressions des prières eucharistiques le disent bien :

> « Quand nous serons nourris de son corps et de son sang,
> et remplis de l'Esprit Saint,

accorde-nous d'être un seul corps et un seul esprit
dans le Christ.
Que l'Esprit Saint fasse de nous
une éternelle offrande à ta gloire... » (P.E. III)

« Regarde, Seigneur, cette offrande
que tu as donnée toi-même à ton Église,
accorde à tous ceux qui vont partager ce pain
et boire à cette coupe
d'être rassemblés par l'Esprit Saint en un seul corps,
pour qu'ils soient eux-mêmes dans le Christ
une vivante offrande à la louange de ta gloire » (P.E. IV)

Il est vrai que ces deux textes fixent en premier lieu comme horizon à la communion sacramentelle l'unité (ecclésiale) des fidèles dans le Corps du Christ (c'est le seul horizon mentionné par P.E. II). Mais cette dimension ecclésiale de la communion n'est pas étrangère à l'offrande que chacun est appelé à faire de soi-même devant Dieu, tant il est vrai que le Christ, auquel se réfère finalement tout sacrifice de l'Église, a offert sa vie pour rassembler dans l'unité les enfants de Dieu dispersés et qu'il nous unit à lui. Le sacrifice de communion appelle de soi une « communion » de tous dans une même donation au dessein d'alliance et d'amour de Dieu effectué en Jésus Christ. Aussi bien, diverses prières eucharistiques mentionnent-elles la charité, l'unité, l'abolition des divisions, le rassemblement des dispersés, dans les intercessions qui prolongent le mouvement de l'offrande et de l'action de grâce.

L'OFFRANDE DE L'ÉGLISE

La prière eucharistique est une prière rituelle, et l'interpréter en termes exclusivement spirituels serait la dévaluer. C'est dans le contexte d'une action rituelle que l'Église s'offre à Dieu comme une vivante offrande ou un sacrifice spirituel. Nous l'avons déjà montré par le rapport entre la communion sacramentelle et la spiritualité eucharistique. Il faut maintenant insister sur la relation forte qui existe entre l'apport rituel des offrandes et le mémorial du mystère pascal, y compris en ce que celui-ci inclut la consécration du pain et du vin.

Le sacrifice de la création

Le canon romain serait incompréhensible si l'on oubliait que le pain et le vin consacrés constituent une part des offrandes présentées préalablement par les fidèles. Cela demeure vrai même si l'on peut regretter que la « procession des offrandes » soit si peu intégrée dans nos célébrations eucharistiques. C'est au terme de cet apport concret que la prière est prononcée, même si elle se concentre à un moment donné sur le pain et le vin mis à part pour la communion eucharistique.

> « Nous te présentons, Dieu de gloire et de majesté,
> cette offrande
> prélevée sur les biens que tu nous donnes ».
>
> « ... par Jésus Christ, notre Seigneur.
> C'est par lui que tu ne cesses de créer tous ces biens
> et que tu les bénis, leur donnes la vie, les sanctifies,
> et nous en fais le don ».

Il semble bien que cette finale de la P.E. I soit le vestige d'une bénédiction des dons apportés par les fidèles. On voit d'ailleurs mal comment le pain et le vin consacrés pourraient être dénommés « tous ces biens » (*haec omnia)*. Mais la P.E. III suppose aussi, au moins implicitement, l'apport des offrandes. On y appréciera le rapport fait à la création, mais aussi à l'annonce par le prophète Malachie de « l'offrande pure présentée devant Dieu en tout lieu » (1,11).

> « Tu es vraiment saint, Dieu de l'univers,
> et toute la création proclame ta louange,
> car c'est toi qui donnes la vie,
> c'est toi qui sanctifies toutes choses
> par ton Fils, Jésus Christ, notre Seigneur,
> avec la puissance de l'Esprit Saint,
> et tu ne cesses de rassembler ton peuple
> afin qu'il te présente partout dans le monde
> une offrande pure ».

Sans nier que l'*offrande pure* se réfère à l'offrande eucharistique et, par là, à celle du Christ, comme nous devrons encore le dire avec plus de précision (d'ailleurs le texte continue selon un procédé logique : « c'est pourquoi nous te supplions de consacrer toi-même les offrandes que nous apportons... »), on ne peut négliger le fait que le pain et le vin (offrandes apportées par les fidèles) font partie de la création et de « toutes choses sanctifiées par Dieu ». C'est en ce sens que le texte *ad libitum* de la présentation des offrandes dit : « Tu es béni, Dieu de l'univers, toi qui nous donnes ce pain, fruit de la terre et du travail des hommes... ce vin, fruit de la vigne et du travail des hommes ».

Et du travail des hommes ... Il est bon de remarquer que le pain et le vin sont des produits travaillés et donc humanisés. Ils ne sont pas de purs fruits de la terre. Cela est suggestif. La création présente à l'horizon du mémorial eucharistique est celle où l'homme est engagé, et cela se comprend mieux encore si l'on rapproche ce travail humain de celui du Christ, qui s'est livré lui-même comme un pain de vie et a accepté de verser son sang comme une source de salut. L'offrande pure, agréable à Dieu, est bien celle-là, mais il est bon qu'elle soit signifiée par une effective désappropriation de ceux qui la présentent. Le pain et le vin sont une vraie offrande !

Le sacrifice du partage

La réforme liturgique a supprimé l'*offertoire*, au moins au sens où il risquait d'être présenté comme un acte d'offrande humaine préalable à l'offrande du Christ, exprimée dans la prière eucharistique[9]. Elle lui a substitué une *présentation des dons* et une *préparation de l'autel.* Ne faudrait-il pas que la pratique liturgique soit plus attentive à unir le « sacrement du partage » à celui de l'autel ? Il n'est pas indifférent que les fidèles se présentent à l'autel en accomplissant un acte réel de partage avec les plus pauvres. Tel était bien le sens de l'apport des offrandes dans l'Église ancienne. On insiste aujourd'hui à bon droit sur le symbolisme de la fraction du pain, et par là sur le partage eucharistique, mais ce symbolisme est-il possible si jamais le pain rompu et partagé n'est réellement *fruit du travail des hommes* qui célèbrent ? Il le serait s'il était vraiment une part du pain apporté par les membres de l'assemblée. Qu'on entende bien ceci ! Si le pain récapitule en lui tout ce dont l'homme a besoin pour vivre, l'apport des offrandes peut dépasser la matérialité du pain. Mais l'importance théologique de cette requête rituelle tient en ce que les témoins anciens de la pratique osaient appeler l'offrande des fidèles un « sacrifice ». Ainsi saint Cyprien reprochait-il à une riche chrétienne de venir au *dominicum* les mains vides, sans *sacrificium,* et d'oser prendre en

---

[9] Même s'il est vrai que les textes prévus dans le missel de Pie V avaient tendance à anticiper le contenu du canon dans l'offertoire.

communiant, une part du *sacrificium* qu'un pauvre a apporté[10]. On rapprochera ceci des vifs reproches de Paul aux Corinthiens qui osaient célébrer le Repas du Seigneur en refusant de partager réellement leur repas avec les autres.

LE SACRIFICE DU CHRIST

Tout n'est pas pourtant dit avec cela. Les prières eucharistiques énoncent, de manières d'ailleurs diverses, que le « sacrifice de l'Église » est celui du Christ. Ainsi, la P.E. III dit-elle :

> « Regarde, Seigneur, le sacrifice de ton Église,
> et daigne y reconnaître celui de ton Fils
> qui nous a rétablis dans ton alliance »[11].

L'expression la plus crue est celle de P.E. IV, qui dit:

> « Nous t'offrons son corps et son sang,
> le sacrifice qui est digne de toi et qui sauve le monde ».

On y reviendra, mais d'autres expressions sont moins directes. De toute façon se pose une question de la plus haute importance. Si de telles expressions devaient signifier que nous refaisons, serait-ce par procuration, ce que que le Christ-Seigneur a fait en son offrande sur la croix, elles s'opposeraient à l'affirmation christologique, ferme et centrale, que le Christ s'est offert une fois pour toutes et qu'il n'y a pas lieu de renouveler

---

[10] Cité, avec d'autres textes, par L.-M. CHAUVET dans *La Maison-Dieu*, n° 203, 1995, p. 18.

[11] Ce passage est un de ceux qui réservent le plus de surprises quand on compare les traductions (officielles) au texte latin. On voit d'emblée que le français a adouci l'aspect immolationniste du latin, qui dit : « Respice, quaesumus, Domine, in oblationem Ecclesiae tuae, et, agnoscens *Hostiam cuius voluisti immolatione placari,* concede... ». Par ailleurs, il me paraît vain de vouloir trop ergoter sur les termes qui qualifient l'oblation et le sacrifice. Le français a traduit l'*oblatio Ecclesiae* par le *sacrifice de l'Église,* et a escamoté l'*Hostia* (victime). Le néerlandais parle de l'*offer van uw kerk* et simplifie la suite : « *ene wil er uw Zoon in herkennen door wiens dood Gij ons met U verzoend hebt* ». L'allemand parle de la *Gabe deiner Kirche* et de l'Agneau (pour *Hostia*) qui a été offert. À cet endroit, l'anglais, l'italien et l'espagnol parlent de la *Victime*. On sent bien un certain embarras chez certains traducteurs, dont je le répète, le texte a été approuvé et promulgué.

son acte rédempteur. Plus ou moins bien exprimées, les affirmations de la liturgie eucharistique ne peuvent pas entendre dire cela. Mais alors ?

Commençons par nous étonner de deux faits dont il n'apparaît pas, de prime abord, comment ils se coordonnent l'un par rapport à l'autre. Le premier est que certaines expressions de l'offrande sacrificielle se contentent de termes symboliques et discrets, qui pourraient être interprétés en fonction du sacrifice spirituel selon les sens que nous avons déjà notés. Mais vient s'y opposer le second fait, à savoir que ces expressions viennent après la consécration du pain et du vin et le récit d'institution qui parle du corps livré et du sang versé de Jésus Christ, bref de son sacrifice. Voici les expressions que j'ai en vue :

> « Nous t'offrons, Seigneur,
> le pain de la vie et la coupe du salut » (P.E. II).
>
> « Nous te présentons cette offrande
> prélevée sur les biens que tu nous donnes,
> le sacrifice pur et saint, le sacrifice parfait,
> pain de la vie éternelle et coupe du salut » (P.E. I).

L'expression du canon romain est d'autant plus surprenante qu'il est ensuite demandé à Dieu de regarder notre offrande avec amour, comme il lui a plu d'accueillir les présents d'Abel, le sacrifice d'Abraham et celui de Melchisédech. De quelle offrande s'agit-il si on peut la mettre en équation avec les sacrifices typologiques de l'Ancienne Alliance ? Un sacrifice peut être « pur et saint », être parfait, s'il vient d'un cœur sincère ! Et c'est le cas. Les prières eucharistiques ne perdent pas de vue que l'oblation eucharistique est le *sacrifice de l'Église* et doit donc être un *sacrifice spirituel.*

Pourtant, les expressions « pain de la vie (éternelle) » et « coupe du salut » (seules présentes dans la P.E. II au niveau de l'offrande) orientent plus loin, à cause de leur référence (surtout la première) au Christ (cf. Jn 6). De toute façon, l'expression de l'offrande vient au terme de la séquence qui comporte l'épiclèse consécratoire, le récit d'institution et l'anamnèse. Il serait donc insuffisant de parler du sacrifice de l'Église sans le mettre en relation avec celui du Christ. Mais en quel sens ?

Le mémorial sacrificiel

C'est sans doute la notion de mémorial (anamnèse) qui donne la clé de l'interprétation et permet de sortir de l'impasse. *Faisant ici mémoire, nous offrons...* Mais a-t-on assez remarqué que l'anamnèse liturgique englobe en un seul mouvement la mort et la résurrection du Christ, en y adjoignant l'attente de sa venue dans la gloire ? On a trop bloqué autrefois le sacrifice du Christ sur sa seule Passion, sans prendre en considération qu'il est ressuscité « pour notre justification » et que notre existence dans la foi est résolument eschatologique, c'est-à-dire tendue vers une plénitude à venir. Certes, le Christ s'est livré une fois pour toutes, mais il l'a fait pour que tous les temps puissent s'associer à son offrande, et c'est sa résurrection qui nous permet d'être ainsi associés à lui. Toujours vivant, il est l'Agneau immolé et il ne cesse d'intercéder pour tous les hommes. Le mémorial biblique est l'expression liturgique de l'unité qui récapitule en un seul temps de Dieu ce qui est distinct dans la facticité du temps historique[12]. Quand le Christ donne aux siens le commmandement de *faire cela en mémoire de lui,* il ne vise pas seulement les gestes rituels de la Cène, mais ce qu'ils signifient en profondeur, à savoir le don de lui-même qui culmine dans sa résurrection et atteindra sa plénitude dans la parousie. Il s'agira toujours « d'actualiser, dans la force de l'Esprit, le mystère de sa mort et de sa résurrection, au bénéfice des croyants, pour le salut du monde »[13].

La liturgie l'exprime-t-elle toujours de la meilleure manière ? On peut partager l'hésitation de Talley au sujet de P.E. IV. « Jamais, dit-il, jusqu'à présent, le langage traditionnel de l'anamnèse n'avait usé d'un tel raccourci pour affirmer : *offerimus tibi eius Corpus et Sanguinem (Nous t'offrons son corps et son sang* »)[14]. L'expression est d'autant plus rude que le texte ajoute : « (Nous t'offrons) le sacrifice qui est digne de toi et qui sauve le monde », ce qui ne peut guère s'entendre que du sacrifice du Christ.

L'Anaphore de saint Basile, dont s'inspire notre P.E. IV, était plus nuancée : « Nous offrons le *sacrement* du saint corps et du sang sacré de ton Christ ». Ainsi se situait-on sur le terrain de la réalité sacramentelle, et donc symbolique, et courait-on moins le danger d'interpréter les mots comme si l'Église s'emparait du corps et du sang du Christ pour répéter le

---

[12] Voir sur la notion de mémorial : L. MONLOUBOU, dans le cahier *Évangile* n° 37, 1981, p. 11-13, ou J.-J. VON ALLMEN, *Essai sur le repas du Seigneur,* Genève, Delachaux et Niestlé, 1966, ou encore M. THURIAN, *L'Eucharistie,* Genève, Delachaux et Niestlé, 1959, qui construit tout son livre autour de ce thème.

[13] P. DE CLERCK, *Réflexions théologiques,* dans *La Maison-Dieu*, n° 203, 1995, p. 161.

[14] *La Maison-Dieu*, n° 191, 1992, p. 39.

sacrifice du Calvaire. Nous n'avons pas à offrir le Christ, mais à nous insérer dans son offrande et dans ce qui constitue sa portée éternelle. C'est ce qu'exprime le mémorial, qui ne fait qu'un avec l'action de grâce[15].

Il n'empêche que, dans la P.E., nous présentons à Dieu le pain et le vin consacrés, qui, sans perdre leur sens premier, sont, de manière sacramentelle, le corps et le sang du Christ. Dans quel but cette offrande est-elle présentée à Dieu ? Les prières donnent une réponse sans équivoque à cette question : c'est pour que nous puissions y communier, ce qui est bien le sens du pain (de la vie) et du vin (la coupe du salut) comme de l'ensemble du rite eucharistique.

> « Nous t'en supplions, que cette offrande soit portée
> par ton ange, en présence de ta gloire, sur ton autel céleste,
> afin qu'en recevant ici, par notre communion à l'autel,
> le corps et le sang de ton Fils, nous soyons comblés
> de ta grâce et de tes bénédictions » (P.E. I).

> « Regarde, Seigneur, cette offrande
> que tu as donnée toi-même à ton Église,
> accorde à tous ceux qui vont partager ce pain
> et boire à cette coupe,
> d'être rassemblés par l'Esprit Saint
> en un seul corps » (P.E. IV).

S'il est donc clair que le pain-corps du Christ et la coupe du vin-sang du Christ sont offerts à Dieu, il est encore plus clair que ce n'est pas sans relation intrinsèque avec la communion à ce pain et à cette coupe. Même « le sacrifice qui sauve le monde » (P.E. IV) n'est évoqué qu'en vue du partage sacramentel et donc de la participation sacramentelle à cette unique offrande. C'est bien ici qu'il faut encore insister sur une interprétation de la prière eucharistique qui prenne en compte la totalité du texte et la totalité du rite eucharistique.

---

[15] Le Concile de Trente l'avait bien perçu. S'il anathémisa ceux qui prétendent qu'à la messe on n'offre pas à Dieu un sacrifice vrai et authentique (Denz. 1741), il précise que ce sacrifice n'est pas autre que l'unique sacrifice du Christ qui, à la messe, est commémoré et « représenté », ce qui peut s'entendre dans le cadre du Mémorial. Mais l'enjeu concret de ce moment fut la pratique des messes privées offertes « pour les vivants et pour les morts ». Le Concile entendit en légitimer la pratique. Cf. A. GANOCZY, *La doctrine catholique des sacrements,* Paris, Desclée, 1988, p. 93-96.

L'évocation du Corps pourrait être le mot de la fin. « Avoir part au corps et au sang du Christ » (P.E. II) ne peut pas désigner une communion qui serait détachée du sens de tout le « sacrifice », car il s'agit de suivre le Christ dans l'offrande de son corps et de son sang et de communier à lui au sens le plus profond du mot : ne faire qu'un avec son sacrifice, sa mort et sa résurrection *jusqu'à ce qu'il vienne*. En d'autres termes, n'être en lui qu'un seul corps, le sien. Nous présentons à Dieu ce que nous avons reçu de lui, le pain et le vin devenus corps et sang du Christ, en leur forme sacramentelle, et Dieu nous rend notre offrande transfigurée en communion. Tout est grâce et action de grâce. Ce « merveilleux échange » constitue le cœur de l'Église, qui est le Corps du Christ, et l'Eucharistie est bien le sacrifice de l'Église. Sacrifice de l'Épouse ne faisant qu'un seul corps avec son Bien-Aimé, qui s'est livré pour elle. Sacrifice de l'Alliance nouvelle et éternelle.

Deuxième partie
Vivre l'eucharistie

Heurs et malheurs de la pratique eucharistique aujourd'hui

P. D'HAESE

Une réforme mûre

Bien du chemin a été parcouru depuis la publication, le 4 décembre 1963, de la Constitution sur la Liturgie du Concile Vatican II et la réforme profonde du rite eucharistique qui s'en est suivie à partir de 1970. Cette réforme n'était pas une improvisation, mais l'aboutissement d'une longue histoire. À ce moment-là, le mouvement dit « liturgique » avait déjà des racines profondes. Il avait débuté au XIXe siècle par l'important ouvrage de Dom Prosper Guéranger, *L'Année liturgique*. Pour cet auteur, la liturgie romaine, dans sa forme concrète, était encore intouchable, mais il essaya d'éveiller l'intérêt d'un grand nombre sur le sens et la richesse de la liturgie. Au cours de ce même XIXe siècle, des suggestions virent le jour en Allemagne, tendant à réformer et à simplifier le rituel, mais elles semblèrent prématurées à l'époque. Toujours dans les mêmes régions d'expression allemande, le mouvement liturgique reçut plus tard une infrastructure ecclésiale plus forte, tandis que, dans notre pays, la dimension pastorale fut renforcée de façon remarquable. En effet, en 1882, parut un *Missel des Fidèles* et, à partir de 1909, Dom Lambert Beauduin, de l'Abbaye de Mont-César, devint le principal artisan d'un plus grand attrait des fidèles pour l'eucharistie. Depuis 1910 existent en Belgique les périodiques *Questions liturgiques* et *Liturgisch Tijdschrift* (à partir de 1919 : *Tijdschrift voor Liturgie*), ainsi que les brochures donnant le texte et des explications de la messe dominicale (*La Vie liturgique - Het Kerkelijk Leven*). Chaque année sont organisées, dans les deux langues, des *Semaines liturgiques*.

Le mouvement gagna aussi les pays voisins. Citons, pour l'Allemagne, l'action de Romano Guardini à partir de 1919 ; pour l'Autriche, l'influence considérable de Pius Parsch (Klosterneuburg) et enfin, en France, la fondation en 1943 par un groupe de Dominicains du *Centre de Pastorale Liturgique*.

Après la deuxième guerre mondiale, le mouvement reprit dans notre pays, par l'organisation de congrès liturgiques pour la Flandre et les Pays-Bas. Ces congrès sont devenus, depuis 1956, une tradition annuelle ininterrompue. Le P. Abbé Ambroise Verheul qui les fonda, en fut l'animateur pendant près de quarante ans. Dans la partie francophone du pays parut, également en 1956, pour le diocèse de Tournai, le premier directoire : *Pour une messe plus fraternelle*, bientôt suivi par une publication similaire dans les autres diocèses belges. En 1960, l'évêché de Tournai organisa un congrès de deux jours sur *Les acteurs de la célébration liturgique*, qui réunit près de 800 participants.

Ce ne sont là que quelques exemples des nombreuses initiatives prises en matière de pastorale liturgique au cours du XXe siècle. Il convient de souligner aussi l'influence considérable de plusieurs documents pontificaux dus, les uns à Pie X (1903-1914), les autres à Pie XII (1939-1958). Sous ce dernier pontificat, un début de réforme se manifesta en ce qui concerne la Veillée pascale (1951) et la Semaine Sainte (1955). En outre, certaines facilités furent accordées quant à l'usage de la langue vivante.

Tel fut le long parcours vers la réforme introduite par le Concile de l'Église d'Occident. Depuis lors le temps a passé. Nous sommes confrontés aujourd'hui à de nouveaux problèmes et développements. Ne nous attardons pas aux réalisations d'hier, mais préparons l'avenir avec courage.

Le retour à la langue maternelle

La réforme la plus remarquable de la liturgie, il y a trente ans, fut, sans aucun doute, l'usage, à l'autel, de la langue vivante. Elle débuta par de petites ouvertures locales. Il n'aurait pu en être autrement, car les travaux préparatoires dans ce domaine étaient encore trop rares. Les Pères conciliaires désiraient d'ailleurs conserver au latin une part toujours prépondérante. Il apparut cependant très vite que le mouvement entamé ne pouvait plus être arrêté. Pas à pas, la langue vivante conquit toute la liturgie, y compris les paroles sacramentelles. Par ailleurs, l'usage de la langue vivante créa le désir de réformer rapidement certains rites. Ainsi, l'emploi en semaine, en dehors des fêtes, de la messe dominicale précédente, ou la citation d'une vingtaine de saints dans la première – et alors unique – prière eucharistique, apparurent soudain comme des obstacles à balayer. D'où la naissance de discussions qui n'étaient pas prêtes de se terminer.

Ce fut un événement émouvant lorsque, pour la première fois, les lectures de la Bible – plus tard aussi les prières, et même la grande prière d'action de grâce – furent proclamées en langue vivante. C'était comme si des trésors, cachés depuis des siècles, étaient, pour la première fois, devenus accessibles. Ce fut le cas lorsqu'une grille de lectures bibliques fut établie, qui permit aux fidèles – dont la plupart n'avaient jamais, auparavant, tenu une Bible en mains – d'entendre, au cours de la messe dominicale, un choix étendu d'extraits de l'Ancien Testament, et pratiquement tout le Nouveau Testament. Ces lectures bibliques, dont beaucoup sont issues des premières assemblées chrétiennes, retrouvaient ainsi leur milieu d'origine. Elles constituaient à nouveau le chemin d'accès aux sacrements et, en particulier, à l'Eucharistie.

Traduttore ... traditore

Ce n'était cependant pas une tâche aisée de passer d'une langue liturgique séculaire à un idiome contemporain. Le texte fondamental latin contient nombre d'expressions « intemporelles » qui, par la traduction, perdaient leur précision. Dès le début, des tensions apparurent dans les commissions de traduction, entre ceux qui voulaient respecter le texte original, et ceux qui songaient surtout à l'utilité pastorale. La vague montante de sécularisation – mais aussi l'approche positive de la réalité terrestre exprimée dans le texte conciliaire sur « l'Église dans le Monde » – étaient une invitation pressante à chercher des traductions « contemporaines », parfois infidèles au latin, trop fortement axé sur une mentalité dépassée.

La traduction est une entreprise hasardeuse. Il faut tenir compte de nombreuses critiques divergentes et le résultat est rarement parfait. Y a-t-il une autre solution que de laisser des traducteurs savants, imprégnés de spiritualité biblique et de liturgie – et versés dans la grande tradition de prière de l'Église – essayer de formuler librement la prière liturgique[1] ?

---

[1] Une tentative a été faite pour éviter une traduction trop littérale, tout en respectant la tradition des prières liturgiques. Ce sont les prières données comme « second choix » dans *Altaarmissaal van Vlanderen* (1975-1977). Elles ont reçu l'approbation officielle de la Congrégation pour le Culte divin. Pour la région d'expression française, voir aussi *Oraisons nouvelles pour les dimanches*, années A,B,C. Paris, A.E.F.L., 1982, etc.

Présider la prière des fidèles est bien plus qu'exprimer ses sentiments. Là où les présidents se permettent trop de liberté avec les prières liturgiques, toute la liturgie devient vulnérable, comme seule l'homélie l'était auparavant. Trop souvent les prières formulées par soi-même manquent d'élévation, elles sont axées sur l'humain, parfois plus descriptives et plus informatives qu'évocatrices. C'est souvent une prière de demande, laissant peu ou pas de place à l'évocation de ce que Dieu veut être pour l'homme. La formule traditionnelle « par notre Seigneur Jésus-Christ » est alors aussi compromise. N'empêche que les tentatives pour simplifier la prière liturgique sont à examiner sérieusement. Pour l'homme d'aujourd'hui, Dieu est loin d'être toujours une évidence. Son cadre de vie est tout, sauf un environnement sacré. Il vient à la messe avec ses questions, ses désirs, ses doutes, ses faiblesses, et il veut les voir quelque peu reflétés dans la prière de l'Église. Bien sûr, la liturgie exprime la foi en un Dieu plus grand que nos problèmes, en un Seigneur ressuscité qui a franchi les frontières de notre horizon terrestre. Mais n'oublions pas que ce grand récit de Pâques débute par l'entrée d'un Dieu dans notre pauvre condition humaine. La tradition chrétienne a sa langue propre que nous devons apprendre, mais cela ne signifie aucunement que la liturgie soit une superstructure complètement détachée de la réalité quotidienne.

Au cours de l'histoire, la liturgie romaine est devenue sans cesse plus rigide et plus uniforme. C'était là sa fierté et sa force, mais aussi sa faiblesse. La question est de savoir dans quelle mesure cette uniformité rigoureuse est encore applicable après l'introduction de la langue vivante et l'implantation de la liturgie dans d'autres cultures. Il faut bien sûr veiller attentivement à ce que la prière publique de l'Église (*lex orandi*) reste le reflet et la source de la foi (*lex credendi*). Il n'empêche que la discipline actuelle de l'Église ne laisse pas encore assez de place à l'adaptation de la liturgie aux langues et aux cultures locales, pour que la messe devienne une célébration vivante. Il nous semble que les conférences épiscopales locales et les commissions liturgiques nationales devraient disposer de plus de possibilités pour poursuivre le travail d'adaptation et de renouvellement[2].

---

[2] Il est à remarquer que l'instruction sur « La Liturgie romaine et l'acculturation » (Congrégation pour la messe et le Règlement des Sacrements, 25-1-1994) cite, en rapport avec l'Eucharistie, nombre de domaines dans lesquels les conférences épiscopales peuvent, pour leur propre circonscription, fixer leurs propres normes. Mais à part les chants, le texte des prières n'est pas cité (n° 54).

La Parole à l'œuvre aujourd'hui

Le service de la Parole est devenu un élément important. Non seulement au point de vue quantitatif, parce que de nombreux apports de la Bible et surtout de l'Ancien Testament sont sortis de l'oubli. Mais au point de vue qualitatif aussi, le service de la Parole peut devenir un témoignage vivant qui renforce et approfondit la foi et incite à la prière. La Parole de Dieu descend du ciel comme la pluie et la neige, et y retourne quand la terre, abreuvée et fertilisée, reverdit (cf. Is 55,10). Toute la mise en scène liturgique doit être axée sur le fait que la lecture de la Bible est à accueillir avec foi, comme étant la parole du Seigneur, ici et maintenant. La remise respectueuse du livre au lecteur, et la lecture soigneuse que celui-ci en fait, doivent montrer que l'on croit vraiment le Seigneur présent dans cette lecture.

Le psaume, ou le chant biblique, qui suit la première lecture est une première profession de foi des participants : ils ont reçu la Parole et la méditent dans leur cœur. L'Alleluia qui précède la lecture de l'Évangile, et l'acclamation souvent chantée à la fin de celui-ci, servent en quelque sorte de joyeux accueil à Celui qui, non seulement nous apporte la Bonne Nouvelle de la part du Père, mais qui est lui-même un Évangile vivant.

L'impact concret de la parole biblique séculaire sur notre vie de croyants dans le monde d'aujourd'hui, s'exprime surtout dans l'homélie. Ceci est d'autant plus vrai que le prédicateur aura, par la prière et par l'étude, approfondi au préalable les textes bibliques. Et surtout dans la mesure où il a enregistré dans son cœur de pasteur, les demandes et les désirs de ses frères croyants. Afin de mieux atteindre ce but de l'homélie, il sera bon, à l'occasion, de préparer le message biblique en groupe. Là où quelques personnes essaient de confronter concrètement un passage de l'Évangile dans leur vie, la chance augmente que ce texte devienne lumière et substance pour celui qui, à notre époque, tente de vivre dans le monde comme disciple de Jésus. L'intercession sera d'autant plus une prière universelle, que la liturgie de la Parole est parvenue à élargir notre horizon, et à nous sensibiliser aux besoins immenses de l'Église et du monde.

Mais tout cela exige beaucoup de soin et de « sens » liturgique. On ne peut assez insister sur la formation des lecteurs et, dans l'homélie, sur la transposition des paroles de la Bible dans la vie courante. Si la lecture est faite de manière négligée, si le chant après la lecture n'est qu'un morceau du répertoire sans lien avec le texte qui précède, si l'homélie rappelle simplement le texte de l'Évangile en y ajoutant quelque rappel moralisateur, l'occasion est manquée, et les fidèles qui assistent à la messe dominicale restent sur leur faim.

La Parole est devenue parole

Jusqu'à la réforme, la liturgie et surtout l'Eucharistie étaient en premier lieu un rituel, souvent un assemblage de rites différents, dont le sens n'était pas toujours clair. Beaucoup de rites furent abandonnés lors de l'introduction de la langue vivante. Parfois pour la simplification et la compréhension de tout le déroulement liturgique. Mais souvent, il semblait que la parole devait suffire. Les ornements, la lumière des cierges, les attitudes corporelles et les gestes symboliques furent réduits au minimum. La Constitution sur la liturgie parlait, en effet, de « noble simplicité », de transparence et d'adaptation à l'intelligence des fidèles[3]. On était, sans aucun doute, arrivé à un moment de l'histoire où la liturgie pouvait utilement être élaguée. Mais si l'arbre est trop sévèrement élagué, toute sa croissance ultérieure est compromise. Beaucoup de points visés par le renouveau liturgique furent interprétés par la suite sous un angle trop rationnel. La liturgie n'est jamais utilitaire, elle ne sert pas à quelque chose, et Dieu est toujours plus grand que nos belles paroles.

Après quelques années, il est apparu clairement que beaucoup de précurseurs et de groupes d'études liturgiques se sont trop exclusivement basés sur la parole. Les paroles liturgiques sont souvent expliquées et commentées. Parfois, l'introduction des lectures est aussi longue que les lectures elles-mêmes. L'accueil au début de la célébration rivalise avec le thème et la durée de l'homélie. Et parfois, les intentions de prières sont de vraies communications ou même une argumentation. Le chrétien peut bien sûr confier à Dieu tous les besoins de l'Église et du monde, mais il n'est pas indiqué de faire part à Dieu de la façon dont il doit nous exaucer. Par contre, de courtes interventions conviennent certainement au « climat » d'une célébration eucharistique et peuvent intensifier la participation des chrétiens. Trop de paroles peuvent tuer le mystère.

Souvent, ces paroles constituent une catéchèse bien intentionnée. D'un côté, la génération actuelle – et certainement les jeunes – est étrangère à la liturgie et ne possède pas les connaissances nécessaires pour en comprendre le sens. D'un autre côté, l'assemblée dominicale est, pour beaucoup, le seul endroit où les croyants se rassemblent et où il est encore

---

[3] Constitution sur la liturgie *Sacrosanctum Concilium* n° 34.

question de foi chrétienne. Il est, sans aucun doute, recommandé aux pasteurs, confrontés à cette situation, d'en tenir compte, mais seulement dans une certaine mesure. La liturgie doit, en premier lieu, rester l'endroit où Dieu lui-même nous interpelle, et où nous nous tournons vers Lui. La prière et l'annonce de l'Évangile ont une valeur catéchétique, mais elles sont bien davantage. Qui se préoccupe trop des sous-titres, ne voit plus le film. Et, à vrai dire, l'événement liturgique nous dépasse tellement que nous ne le saisirons jamais tout à fait. Comme la vie dépasse toute réflexion philosophique, ainsi la liturgie dépasse toute catéchèse. Les Pères de l'Église le savaient très bien. Aussi, la véritable catéchèse du baptême se faisait souvent après celui-ci. Ceci ne signifie pas que préparation et réflexion préalables n'ont pas de sens, mais bien que la célébration liturgique est encore tout autre chose que tout ce que nous pourrions en dire.

Accomplir ce que Jésus nous a montré

Le rite de l'eucharistie tente de montrer clairement les grandes lignes de la Dernière Cène, en écartant textes et gestes superflus : « Il prit, Il bénit, Il rompit et donna » (Mc 14,22). Ce sont les termes du rituel eucharistique central auxquels l'Église est restée fidèle au cours des siècles. Mais il y a plus : ces assemblées autour du pain et de la coupe ont véritablement donné naissance à l'Église.

Même si on peut, à l'occasion, donner plus de solennité à la préparation des dons et de l'autel (« Il prit le pain. Il prit la coupe »), et apporter processionnellement d'autres dons (expression de l'engagement caritatif de l'assemblée, par exemple les dons du « Carême de partage » le soir du Jeudi-Saint), on s'abstiendra de faire de ce moment un show en plaçant autour – ou même sur l'autel – divers objets (qui, après la célébration, seront ramenés à la maison). La liturgie n'est pas un théâtre, et nous n'y jouons certainement pas le rôle principal. Que tout exprime plutôt notre souci de participer, de grand cœur et les mains ouvertes, au repas auquel le Seigneur nous invite, et que nous reconnaissions aussi que tout ce que nous possédons nous a été donné par le divin Créateur.

Mais il est également fâcheux de minimiser cette première et discrète partie de l'Eucharistie au point qu'elle passe inaperçue et perde ainsi toute signification. Car qu'est-ce qui est encore « préparé » et « apporté » lorsque la patène et la coupe sont, d'avance, placés au coin de l'autel ?

Le cœur de la célébration est la grande prière d'action de grâce (« Il rendit grâce »). C'est le sommet de toute la célébration eucharistique. C'est la prière par laquelle le Seigneur Jésus fait de sa vie et de son abandon au moment de la mort, une action de grâce à son Père céleste. Il a confié cette prière à son Église. Ici aussi, il est l'acteur unique. Cette prière correspond à sa vie, et tout l'élan religieux de sa vie est concentré dans cette grande action de grâce. Nous sommes invités à faire nôtres ses sentiments, pour louer et remercier avec Lui, nous souvenir avec reconnaissance et nous confier au Père par Lui, avec Lui et en Lui.

L'autorité ecclésiale veille avec une grande prudence restrictive sur cette prière, ce qui montre la valeur et l'importance qu'elle y attache. Il est, en effet, irresponsable de célébrer l'eucharistie avec n'importe quel autre texte, même si l'évocation de la Dernière Cène et les paroles sacramentelles sur le pain et le vin y figurent. L'usage irréfléchi de la prière d'action de grâce montre peu de respect pour le mystère de l'eucharistie. Le Seigneur Jésus n'a pas célébré l'eucharistie avec une formule quelconque de consécration, mais avec une action de grâce. L'Église – mandatée pour cela par Lui – répète cette prière en invoquant le Saint-Esprit sur les offrandes et sur la communauté rassemblée.

Vient enfin la fraction du pain et le partage des dons (« Il rompit et donna ») précédés normalement de la récitation du Notre Père et du baiser de paix. Chez les premiers chrétiens, la fraction du pain était considérée comme très importante, au point qu'elle désignait toute la messe (Cf. Ac 2,42 et 20,7). Le rite exprime ici, de façon frappante, que l'eucharistie fait de tous ceux qui vont manger ce pain rompu, un seul corps. On comprend mal que cette pratique de la fraction du Pain reçoive si peu d'attention. Elle est souvent réduite à une formule minimale.

Le partage des dons eucharistiques constitue, en fait, le sommet de notre participation à la célébration pascale de Notre Seigneur. La communion illustre aussi comment le Seigneur se donne inlassablement à nous, et comment nous sommes entièrement unis à Lui : « Ceci est le Corps, le Sang du Christ ». Tu deviens le Corps, tu deviens le Sang du Christ. Un des points les plus remarquables du renouveau liturgique est très certainement la possibilité, pour tous les membres de l'assemblée, de communier également au calice. C'est un symbole très riche, il attire l'attention sur un aspect particulier du mystère de l'eucharistie. Comment est-il donc possible qu'en maints endroits – où, sans conteste, on cherche constamment à rendre l'eucharistie plus abordable –, on attache si peu d'attention à ce « signe complet » de la communion ?

Dans le domaine des tensions entre célébrant et communauté

Après trente ans de renouveau liturgique, on devrait peu à peu avoir compris que la communauté tout entière est l'« acteur » de la célébration eucharistique. Dieu merci, depuis longtemps, ce n'est plus la tâche d'un seul homme. Toute la communauté des fidèles y participe. Toutes les prières principales sont formulées au pluriel. Et la grande prière d'action de grâce n'est prononcée que lorsque les fidèles ont acquiescé : « Cela est juste et bon de rendre grâce au Seigneur ». Et à la fin, cette prière est à nouveau approuvée par tous les participants. Tous les baptisés sans distinction sont conviés au repas sacré qui renforce et scelle notre union avec le Christ, et aussi avec les autres. Ce caractère « communautaire » est, à notre avis, un second et très important aspect du renouveau liturgique. L'introduction de la langue vivante et le fait que l'autel soit placé au milieu de la communauté en sont les conséquences logiques. Comme le disait quelqu'un lors d'une enquête liturgique : « ce qui m'a surtout frappé, c'est que désormais le célébrant ne fait plus tout, à lui seul! »

En fait, chaque célébration eucharistique suppose une communauté, grande ou petite. Le célébrant n'est plus un « soliste ». Et cependant, les blessures dues à un cléricalisme séculaire sont encore souvent perceptibles. Beaucoup de prêtres éprouvent toujours des difficultés à présider réellement et à rassembler les participants, par la parole et par l'action, en une communauté fraternelle. Ils vivent encore trop peu leur fonction comme un service à la communauté. Bien que très pris par ce qui se passe à l'autel, ils se préoccupent trop peu de ceux qui sont réunis autour de cet autel. On peut attendre du président qu'il soit l'animateur d'une participation active, qu'il discerne et respecte les divers charismes existant dans la communauté. Et que, dans la mesure du possible, il répartisse tâches et responsabilités, afin que tous soient impliqués dans la célébration. C'est de cette façon seulement que l'Église est constituée et vécue autour de l'autel.

Une autre tendance s'est aussi manifestée au cours des dernières années. Elle provient d'un sentiment général de démocratie, souvent aussi d'un certain malaise à l'égard de l'institution d'Église ou de la discipline en usage aujourd'hui dans le clergé. On en est ainsi venu à une forme de liturgie où la fonction du président devient presque imperceptible. Chacun peut accomplir n'importe quelle tâche. La liturgie de la Parole est fortement réduite à ce que les participants apportent et interprètent eux-mêmes. Et la grande prière d'action de grâce est récitée tous ensemble, perdant de ce fait, en grande partie – sinon entièrement – son caractère présidentiel. La seule et irréductible fonction de celui qui représente le sacerdoce du Christ, est complètement diluée dans le sacerdoce commun de tous les baptisés. L'égalité entre tous les hommes est comprise et interprétée ici dans le sens que chacun peut tout faire. Dans de telles célébrations, on vit une communion très forte entre les participants, mais le pôle vertical – c'est le Christ qui nous rassemble, nous parle et nous invite – est tout à fait relégué à l'arrière-plan. Sans doute, on mange le même pain, et on célèbre avec force la communauté, mais le fait qu'il s'agisse d'une communauté basée sur le Christ ne joue pas un grand rôle. Dans de telles assemblées, on se passe les corbeilles de pain et les coupes à la communion, mais on oublie que la Communion est, pour chacun, une rencontre personnelle avec le Seigneur Jésus. On s'applique avec zèle à la lecture de l'Évangile, mais on passe à côté du Christ. Cette évolution semble méconnaître toute la tradition chrétienne. Si la liturgie n'était que « la célébration de la vie », la fonction spécifique du président serait superflue. Mais en tant que célébration du mystère du Christ, la liturgie est plus que cela. Le fait que Jésus de Nazareth n'ait pas directement organisé les fonctions ecclésiales, et l'accent mis heureusement sur le Peuple de Dieu qui célèbre, ces deux faits ont changé la définition du président d'assemblée sans pour autant avoir écarté sa fonction dans l'assemblée.

Créativité à l'envers

On parle beaucoup de créativité depuis dix ans dans les milieux liturgiques. C'est un mot significatif qui dépeint d'une manière frappante la façon dont l'homme parcourt la vie. L'homme n'est pas mené, il peut prendre lui-même sa vie en main. Pendant des siècles, la liturgie a été dominée par un réseau de rubriques rigides, un carcan artificiel de règles protocolaires. Parfois la lettre semblait plus importante que l'esprit. La réaction qui s'en est suivie fut non seulement compréhensible, mais aussi heureuse. Les nouveaux livres liturgiques ont créé un nouvel espace fort bienvenu. Ils autorisent le président lui-même – ou le groupe de travail – à choisir parmi les prières, textes bibiques ou actes rituels, ainsi qu'à intervenir, par-ci par-là, de manière personnelle. Dans la lettre, et certainement dans l'esprit, la nouvelle liturgie offre bien plus d'ouvertures à la créativité que l'on ne croit généralement. Il serait bon, cependant, que ces ouvertures soient encore davantage élargies.

Mais tout ce qui se passe, en matière de liturgie, ne peut être admis sous prétexte de créativité. L'homme d'aujourd'hui considère trop souvent la liturgie comme une création artificielle. « Cela doit m' (ou nous) émouvoir ». La liturgie est alors réduite à un ensemble de convenances autour des grands moments de l'existence humaine. Ainsi les livres liturgiques sont-ils écartés sans scrupule, et on se met à rédiger sur une feuille blanche un scénario liturgique. La Bible semble ne rien apporter de plus qu'un autre texte et rarement Jésus de Nazareth est-il encore ici l'acteur principal. Il est tout au plus un modèle à imiter. On est avant tout centré sur l'homme lui-même, sur ses interrogations, ses sentiments et ses pratiques. Alors que les prières traditionnelles se référaient trop souvent à l'au-delà, on se réfère surtout à « ici et maintenant »!

En bien des endroits, les assemblées dominicales sont, elles aussi, vécues sous cet angle. Ce n'est plus, en premier lieu, une rencontre (en paroles et en rites) avec le Christ ressuscité et, par ce biais, avec les autres fidèles. C'est bien plutôt l'homme lui-même, avec ses demandes et ses espoirs, qui occupe la place centrale. On aborde les grands problèmes sociaux, mais on ne peut pas appeler cela une « célébration ». Sans doute, ces assemblées peuvent porter du fruit. Les participants peuvent y voir plus clair, et être encouragés vers un engagement plus profond. Mais le mot « liturgie » n'est plus approprié. Dans de telles assemblées, a-t-on dit, la tête peut se remplir, mais le cœur reste vide. Roger Schutz, de Taizé, écrit à ce sujet : « Dans le désir compréhensible de rencontrer un monde sécularisé, les communautés locales ont parfois cru devoir séculariser leurs célébrations. Mais alors, le plus profond de notre être n'est plus atteint »[4]. Le Cardinal Danneels écrit : « Au théâtre et dans le sport, nous nous exprimons : nous écrivons la pièce, nous jouons le rôle, nous créons l'œuvre d'art ou accomplissons la performance sportive. Ce sont des arts nobles, qui expriment souvent des sentiments très profonds, comme le tragique ou la joie de l'existence. Le public y participe dans la mesure où il y retrouve des sentiments personnels. Dans ces arts, l'homme devient acteur. Mais la liturgie n'est pas le cadre dans lequel je joue mon propre

[4] R. SCHUTZ, *Zijn liefde is een vuur*, Averbode, 1993, p. 44-45, cité par J. LESCAUWAERT, *Het mysterie van de liturgie*, 1995, p. 14.

jeu. C'est la maison où je suis invité. « L'acteur » du drame de la liturgie n'est pas l'homme, mais l'Homme-Dieu, le Christ lui-même »[5].

L'homme affirme trop facilement que la liturgie n'atteint pas sa vie profonde. Cela semble malheureusement être vrai dans bien des cas. Mais le problème n'est pas résolu en levant la tension entre la liturgie et la vie. Bien sûr, la célébration dominicale est liée à la vie quotidienne, mais elle est aussi bien plus que cela. Le dimanche domine les autres jours et il donne un éclat propre à nos travaux de la semaine. La célébration dominicale peut donc sans crainte prendre un caractère de fête. Elle est le témoignage, malgré toutes les souffrances et injustices du monde, d'une espérance inébranlable.

Eucharistie et édification de l'Église

L'Église est véritablement issue des premières assemblées de chrétiens qui, remplis de l'Esprit Saint, commémoraient avec reconnaissance le Seigneur ressuscité qu'ils savaient présent parmi eux. L'Église : ce sont les cercles concentriques autour du Christ ressuscité. Comme le dit le liturgiste français A.G. Martimort : « Célébrer c'est convoquer », il faudra, dans l'avenir, renforcer encore bien davantage le lien entre liturgie et communauté, et d'autant plus qu'aujourd'hui, il ne s'agit plus d'un groupe ou d'un quartier déterminé qui célèbre la liturgie. La foi chrétienne ne va plus de soi, village et paroisse ne se confondent plus. L'assemblée liturgique n'est donc plus l'enveloppe d'une communauté déterminée. Au contraire, c'est l'assemblée liturgique elle-même qui crée la communauté. C'est la célébration eucharistique elle-même qui rassemble les fidèles et les invite à s'aimer cordialement les uns les autres, à s'accepter, à se pardonner et à servir. De plus, une liturgie bien célébrée ne crée pas une communauté fermée, un ghetto. Nous ne devons jamais oublier que l'eucharistie nous a été transmise par les premiers chrétiens dans un contexte de solidarité (cf. Ac 2,42-47). Chaque assemblée eucharistique est une protestation contre toute forme possible d'injustice et de discrimination. La fidélité à la fraction du pain à l'autel doit se traduire par le souci réel qu'il n'y ait pas de nécessiteux parmi nous !

L'eucharistie est un héritage sacré qui a été mis entre nos mains. Notre désir d'entrer corps et âme dans ce mystère nous interdit de manipuler le rite, ou de ne pas respecter assez ses données objectives. La liturgie est

---

[5] *Pastoralia*, t. 10, 1995, p. 4-5.

plus grande que ce que nous, les hommes, nous savons exprimer, chanter et figurer. Toute la force de la liturgie consiste à ce que nous devenions ce que nous recevons[6]. Nous recevons le Corps du Christ afin de devenir son corps dans le monde. Nous célébrons son offrande pascale afin que Lui-même nous perfectionne et nous fasse devenir une offrande éternelle à Dieu[7].

---

[6] Suivant saint Léon le Grand, dans Constitution sur l'Église, *Lumen gentium*, n° 26.

[7] Suivant la IIIe prière eucharistique.

Sens, forme et fruits de la réforme de l'eucharistie à Vatican II

L. LEMMENS

Il y a trente ans, la liturgie de l'eucharistie a connu la réforme la plus radicale du millénaire. Cette contribution a pour dessein de scruter le sens, la forme et les fruits de cette réforme. Il va sans dire qu'une trentaine d'années représente un laps de temps fort court pour comprendre la signification de cette réforme, à tous égards trop court pour qu'elle ait pu porter la plénitude de ses fruits[1].

I. L'INTUITION FONDAMENTALE DE VATICAN II : L'ÉGLISE EN TANT QUE COMMUNION FONDÉE SUR L'ÉCRITURE ET L'EUCHARISTIE

La signification du second Concile du Vatican, un événement extrêmement complexe, ne nous parvient que partiellement. Cela a été remarquablement illustré lors du synode extraordinaire des évêques de 1985, lorsque, vingt ans après la clôture du concile, une lecture du concile, qui parut nouvelle à la plupart des catholiques, fut mise en avant. Entre-temps, cette interprétation du concile a généralement été acceptée et estimée. Nous sommes d'avis qu'elle offre le meilleur cadre de référence pour une bonne compréhension de la récente réforme de l'eucharistie.

L'«Église en tant que *communio* » constitue le cœur de l'interprétation synodale du concile : « L'ecclésiologie de '*communio*' est le concept central et fondamental dans les documents du Concile »[2]. Pour cette interprétation, le synode pouvait s'appuyer sur le premier chapitre de

[1] Voir à cet égard l'article de P. DE CLERCK, *Réflexions théologiques*, dans *La Maison-Dieu*, t. 203, 1995/3, p. 151-167.

[2] Synode extraordinaire sur Vatican II. Rapport final : *L'Église sous la Parole de Dieu, célébrant les mystères du Christ pour le salut du monde*, dans *Documentation catholique*, 1986, p. 39.

Lumen Gentium consacré au « mystère de l'Église »[3]. Le synode éclaire comme suit cette ecclésiologie :

> « La Koinonia-communion, fondée sur la Sainte Écriture, fut... en grand honneur dans l'Église antique et jusqu'à nos jours dans les Églises orientales. C'est pourquoi Vatican II s'est attaché à ce que l'Église soit, comme communion, plus clairement comprise et plus concrètement traduite dans la vie. Que signifie dans sa simplicité le mot 'communion' ? Il s'agit fondamentalement de la communion avec Dieu, par Jésus-Christ, en l'Esprit-Saint »[4].

Selon le point de vue du synode, tout le concile se doit d'être compris à partir de cette intuition. L'Église n'est pas en premier lieu une société parfaitement ordonnée et hiérarchique tout comme elle n'est pas non plus un rassemblement d'individus. Elle est une communauté de personnes qui se réalise sur base de la communion que ces personnes ont, dans l'Esprit Saint, avec Jésus-Christ et, par Jésus-Christ, avec Dieu, le Père. C'est une communauté humaine en laquelle la vie divine du Père et du Fils, grâce à l'Esprit Saint, se fait présente et est active[5].

Comme source de cette communauté, le synode renvoie concrètement à la Parole de Dieu et aux sacrements, tout particulièrement le baptême et l'eucharistie :

> « Cette communion se réalise dans la Parole de Dieu et dans les sacrements. Le baptême est la porte et le fondement de la communion de l'Église. L'Eucharistie est la source et le sommet de toute la vie chrétienne (cf. LG 11). La communion au corps eucharistique du Christ signifie et produit, ou construit, l'intime communion de tous les fidèles dans le Corps du Christ, qui est l'Église (cf. 1 Co 10,16) »[6].

L'Église en tant que *communio* est née de l'écoute de la Parole de Dieu. La Parole de Dieu nous manifeste la communauté du Père, du Fils et de l'Esprit. Elle révèle à quiconque l'écoute le désir de Dieu de le faire participer, lui aussi, à la communion avec Lui. Elle ouvre son cœur à l'Esprit Saint, qui veut venir habiter en lui.

---

[3] Cfr *Lumen Gentium*, 1-8.

[4] Synode extraordinaire, *op. cit.*, p. 39.

[5] Cfr Adelbert DENAUX, *Kerk als gemeenschap. Overwegingen bij het eindrapport van de buitengewone Bischoppensynode 1985*, dans *Collationes*, t. 16, 1986, p. 171-215.

[6] Synode extraordinaire, *op. cit.*, p. 39.

Par les sacrements, en particulier le baptême et l'eucharistie, le rêve de Dieu devient réalité. Par le baptême, celui qui écoute la parole est vraiment accueilli dans la communion avec Dieu et dans la communauté des chrétiens. Dans son cœur, l'eucharistie est l'événement où cette communion entre les chrétiens et leur Seigneur Jésus-Christ est à chaque fois nourrie. Par leur communion avec Jésus-Christ, ils sont en communion avec le Père et entre eux, dans l'Esprit. C'est la vie divine même qui fleurit en eux et qui fait d'eux une famille fraternelle au service des hommes, des enfants reconnaissants qui chantent la louange du Père.

Ainsi la Parole et l'eucharistie sont les deux sources de vie permanentes de la communauté chrétienne. Dans les paroles conclusives de *Dei Verbum*, la constitution dogmatique sur la révélation divine, cette conviction du concile est clairement exprimée :

> « De même que l'Église reçoit un accroissement de vie par la fréquentation assidue du mystère eucharistique, ainsi peut-on espérer qu'un renouveau de vie spirituelle jaillira d'une vénération croissante pour la Parole de Dieu »[7].

II. LA RÉFORME DE L'EUCHARISTIE PAR VATICAN II

Vatican II a voulu réformer la liturgie de l'eucharistie afin que les croyants soient nourris plus facilement et plus profondément par la vie divine. La Parole de Dieu et l'eucharistie y constituent le pain de vie que les croyants doivent pouvoir recevoir en abondance lors des rencontres liturgiques. Vatican II a effectivement compris l'*eucharistie* comme *le sacrement de l'Église-communion*, nourrie par l'Écriture et le mystère eucharistique : « L'Église ne cesse pas, surtout dans la Sainte Liturgie, de prendre le pain de vie sur la table de la Parole de Dieu et sur celle du Corps du Christ, pour l'offrir aux fidèles »[8]. Avec son changement radical de la liturgie de l'eucharistie, Vatican II a surtout voulu « ouvrir les Écritures plus largement » et vivre l'eucharistie plus comme une célébration de la communion, comme nous allons l'exposer ici.

1. *Ouvrir les Écritures plus largement*

La constitution liturgique de Vatican II prescrivait clairement :

---

[7] *Dei Verbum*, 26.

[8] *Dei Verbum*, 21.

> « Pour présenter aux fidèles avec plus de richesse la table de la parole de Dieu, on ouvrira plus largement les trésors bibliques pour que, dans un nombre d'années déterminé, on lise au peuple la partie importante des Saintes Écritures »[9].

Une première décision importante est qu'il faut aborder une plus grande partie des Écritures pendant la célébration eucharistique, en l'espace de quelques années. Avant Vatican II, il n'y avait que deux lectures le dimanche. Et il n'y avait qu'un cycle d'un an. Les mêmes lectures revenaient chaque année. Un simple calcul nous apprend que le chrétien qui allait tous les dimanches à la messe avant Vatican II, n'entendait tout compte fait qu'une centaine de lectures différentes. Surtout en ce qui concerne l'Ancien Testament, la situation était désastreuse : on ne lisait pas plus de sept passages de l'Ancien Testament. Il est très clair qu'on ne lisait pas du tout « la partie importante des Saintes Écritures au peuple ».

La commission postconciliaire pour la réforme de la liturgie de l'eucharistie a fait ici un changement radical : désormais, il y aurait trois lectures par dimanche et le cycle d'un an serait remplacé par un cycle de trois ans. Le nombre de lectures du dimanche est ainsi passé de cent à environ quatre cent cinquante. En outre, pour la première fois depuis plus de mille ans, une lecture de l'Ancien Testament est faite le dimanche dans les paroisses.

Pour que le peuple n'entende pas uniquement l'Écriture, mais la comprenne aussi, le concile a décidé de permettre l'usage de la langue du peuple : « On pourra donner la place qui convient à la langue du pays dans les messes célébrées avec concours du peuple, surtout pour les lectures et la 'prière commune', et aussi dans les parties qui reviennent au peuple »[10].

Le concile voulait également revaloriser l'homélie. Il la qualifie d'acte liturgique authentique, qui ne peut pas être omis. Le concile demande que l'homélie parte du texte de l'Écriture ou de la Liturgie elle-même. Écriture et Liturgie sont les sources dont la communauté chrétienne se nourrit. L'homélie doit puiser dans ces sources pour nourrir le peuple spirituellement et pour construire la communion de l'Église.

Enfin, le Concile a montré l'importance de la liturgie de la Parole au sein de l'eucharistie. Là où on parlait parfois d'avant-messe, qu'on pouvait même manquer, Vatican II soutient que la liturgie eucharistique se

---

[9] *Sacrosanctum Concilium*, 51.

[10] *Ibid.*, 54.

compose de deux parties indissociables, la liturgie de la Parole et l'Eucharistie, et que les croyants doivent participer à toute cette liturgie[11].

2. *Renforcer l'aspect « communion » de l'eucharistie*

Le concile a également renforcé l'aspect « communion » de l'eucharistie. Celle-ci comprend trois dimensions. L'eucharistie est tout d'abord le sacrement de la communion ecclésiale : elle montre et renforce les liens entre les chrétiens. Elle est aussi le sacrement de la communion des chrétiens avec leur Seigneur Jésus-Christ : elle construit la communauté chrétienne en tant que Corps du Christ parce que les chrétiens y ont part à la vie du Christ même. Enfin, elle est le sacrement de l'accueil des chrétiens dans la communauté de Dieu lui-même, Père, Fils et Saint-Esprit. Dans chacun de ces trois domaines, Vatican II a renforcé le caractère de communion de l'eucharistie.

– L'eucharistie comme sacrement de la communion ecclésiale

Avant Vatican II, l'eucharistie était surtout vécue comme démarche personnelle. On attachait peu d'importance au lien entre l'eucharistie et la construction de la communauté ecclésiale. À côté de la grande valeur de l'eucharistie pour la vie personnelle des croyants, le concile a accentué l'importance de l'eucharistie comme célébration sacramentelle de tout le peuple de Dieu.

Cela apparaît déjà dans le fait que le nouveau missel ne prend pas comme point de départ rituel la messe « in abstracto », mais l'eucharistie à laquelle le peuple participe. Le fait que le célébrant se tourne vers le peuple va dans le même sens. Alors que l'ancien missel, le livre du prêtre, contenait tout le texte de la célébration, maintenant nous utilisons plusieurs livres, qui indiquent la présence de la communauté et la diversité des tâches au sein de la même célébration : à côté du missel du prêtre, qui ne contient que les prières du prêtre, il y a le lectionnaire, l'évangéliaire, le formulaire avec les intentions de prière, le livre des chants... L'eucharistie n'est plus une affaire privée du prêtre. Elle est l'affaire de toute la communauté chrétienne. Elle n'est pas la célébration du seul prêtre, mais de toute la communauté présente[12].

---

[11] Cfr *Ibid.*, 56.

[12] « Chaque fois que les rites, selon la nature propre de chacun, comportent une célébration commune avec fréquentation et participation active des fidèles, on

Les croyants ne doivent pas assister à ce mystère de la foi « comme des spectateurs étrangers et muets » mais « le comprenant bien dans ses rites et ses prières, ils participent pieusement et activement à l'action sacrée ». Le but final de la célébration est que les chrétiens « soient consommés par la médiation du Christ dans l'unité avec Dieu et entre eux pour que, finalement, Dieu soit tout en tous »[13]. Sans négliger le vécu personnel de l'eucharistie, Vatican II a voulu promouvoir la célébration et le vécu communautaire de l'eucharistie.

Parce qu'il y va du mystère de leur vie, les chrétiens doivent pouvoir célébrer l'eucharistie *bene intelligentes* – en la comprenant bien. L'introduction de la langue du peuple a levé la barrière de la langue. En outre, le rite a été simplifié, surtout pour l'offrande et la communion, afin que l'essence de l'eucharistie soit plus visible[14].

La communauté chrétienne présente célèbre ensemble l'eucharistie. C'est « son » eucharistie. Voilà pourquoi elle doit pouvoir y participer *pie et actuose* – pieusement et activement. Le prêtre n'est plus la seule personne agissante de l'eucharistie. Tous les pratiquants contribuent à la célébration. Le formulaire de l'eucharistie de Vatican II considère l'eucharistie comme un acte de tout le peuple, qui participe à sa façon à tous les actes. Cela peut se faire par des fonctions spéciales comme par exemple le diaconat et le lectorat, qui ont été restaurés par Vatican II. Cela peut se faire aussi en chantant ensemble, en priant ensemble, par la prière silencieuse ou par les intentions de prière, qui sont appelées en latin *oratio communis* – « la prière commune »[15]. Jamais le prêtre n'agit séparément de la communauté chrétienne présente. Vu que l'eucharistie concerne la réalisation du secret le plus profond de la communauté, celle-ci est impliquée dans toute l'eucharistie.

Dans la même ligne, la réforme liturgique a voulu promouvoir également la communion des ministres au sein de la célébration de l'eucharistie. Alors que, avant Vatican II, la concélébration n'était permise que comme une exception, elle devient maintenant possible et même

---

soulignera que celle-ci, dans la mesure du possible, doit l'emporter sur leur célébration individuelle et quasi privée. Ceci vaut surtout pour la célébration de la messe », *Sacrosanctum Concilium*, 27.

[13] *Ibid.*, 48. Voir aussi n° 10.

[14] *Ibid.*, 34 et 50.

[15] *Ibid.*, 54.

conseillée[16]. En effet, comment les prêtres pourraient-ils s'isoler de la communauté des croyants dans leur vécu personnel de l'eucharistie, maintenant que l'Église comprend de nouveau l'eucharistie comme la grande concélébration de tout le peuple de Dieu ?

Dans l'eucharistie se réalise la grande paix de Dieu au milieu des hommes. Ils sont réunis par le Seigneur dans une famille fraternelle. Par la restauration de ce geste de paix, cette dimension de l'eucharistie est de nouveau placée à l'avant-plan de l'eucharistie.

– L'eucharistie comme sacrement de la communion de l'Église avec le Christ

Déjà avant Vatican II, l'eucharistie était centrée sur la communion des croyants avec le Christ. Pourtant, le Concile a voulu renforcer ici aussi la communion avec le Christ. Cela s'exprime tout d'abord par le fait que le Concile indique que le Seigneur ressuscité devient présent par toutes les dimensions fondamentales de l'eucharistie : le rassemblement de la communauté croyante, le prêtre, le service de la Parole et le service de l'eucharistie. Ils ont tous une valeur sacramentelle : « Pour l'accomplissement d'une si grande œuvre, le Christ est toujours là auprès de son Église, surtout dans les action liturgiques. Il est présent dans le sacrifice de la messe, et dans la personne du ministre (...) et, au plus haut point, sous les espèces eucharistiques (...). Il est là présent dans sa parole, car c'est lui qui parle tandis qu'on lit dans l'Église les Saintes Écritures. Enfin, il est là présent lorsque l'Église prie et chante les psaumes, lui qui a promis : là où deux ou trois sont rassemblés en mon nom, je suis là au milieu d'eux »[17]. Ainsi le Christ nous manifeste son mystère de Pâques par les deux tables de la Parole et de l'eucharistie. Tout l'espace de l'eucharistie est rempli de sa résurrection.

Le concile a également réagi contre quelques usages concernant la communion sacramentelle. Il arrivait ainsi presque plus souvent que les fidèles communient ou vénèrent l'eucharistie en dehors de la célébration que durant celle-ci. Trop souvent, on utilisait les hosties d'une célébration précédente. La communion sous les deux espèces était pour ainsi dire inexistante. Sur ce terrain le Concile a réalisé une véritable réintégration entre la célébration de l'eucharistie et la participation sacramentelle à

---

[16] *Sacrosanctum Concilium*, 57.

[17] *Ibid.*, 7.

l'eucharistie. « On recommande fortement cette parfaite participation à la messe qui consiste en ce que les fidèles, après la communion du prêtre, reçoivent le corps du Seigneur avec des pains consacrés à ce même sacrifice ». Et tout de suite, le concile a considérablement élargi les possibilités pour la communion sous les deux espèces[18].

Concernant ce lien plus étroit qui relie l'eucharistie et la communion de la communauté croyante avec le Christ, on peut parler aussi de quelques changements dans la prière eucharistique. On constate ainsi une grande augmentation du nombre de préfaces, qui est passé de quinze environ à une centaine. Dans la préface en effet, le mystère du Christ est exprimé dans toute sa richesse. L'acclamation par le peuple après le récit de l'institution donne une place centrale au mystère de Pâques du Christ. Enfin, le texte de la plupart des nouvelles prières eucharistiques est fort christologique.

– L'eucharistie comme sacrement de notre entrée dans la communion du Père et du Fils dans le Saint-Esprit

Dans cette troisième dimension de l'eucharistie comme célébration de communion, l'eucharistie introduit la communauté croyante en communion avec le Christ dans la communion entre le Père et le Fils. C'est l'Esprit Saint qui nous rend capables de prier le Père avec reconnaissance et avec supplication, de faire de notre vie un don pour Lui, de grandir en unité et en serviabilité et de vivre pour le royaume de Dieu dans ce monde. Il s'agit ici de l'eucharistie comme prière de pardon et de réconciliation, comme célébration de notre entrée dans l'amour du Père pour ses enfants, comme avant-goût du repas dans le Royaume de Dieu.

La réforme liturgique post-conciliaire a veillé à ce que les nouvelles prières eucharistiques expriment explicitement cette troisième dimension de l'eucharistie en tant que célébration de la communion. C'est ainsi qu'elle a prêté attention à la prière de l'Esprit Saint. Alors qu'on n'en parlait pas dans le Canon romain, forme préconciliaire de l'actuelle première prière eucharistique, toutes les nouvelles prières eucharistiques contiennent une double épiclèse de l'Esprit : une sur les offrandes du pain et du vin et une sur toute la communauté présente. Même le thème de l'eucharistie comme avant-goût du repas à la fin des temps est largement présent.

---

[18] *Ibid.*, 55.

III. DIFFICULTÉS DANS LA RÉCEPTION DE LA RÉFORME DE L'EUCHARISTIE

La réforme de la liturgie eucharistique a été accueillie avec beaucoup d'enthousiasme pendant la deuxième moitié des années soixante. On se réjouissait en particulier de l'introduction de la langue du peuple et du fait que maintenant tout le peuple pouvait participer activement à l'eucharistie. La réforme a sans doute déjà porté beaucoup de fruits pour la vie des communautés chrétiennes. Pourtant, la réception de la réforme a rencontré quelques difficultés fondamentales. Nous les traitons brièvement ici.

L'accueil, tout d'abord, était un peu unilatéral. Alors que Vatican II voulait corriger la forme et le vécu post-tridentin, il arriva fréquemment que les nouveautés soient accueillies fébrilement au détriment de ce qui existait déjà. Vatican II avait bien accentué l'eucharistie comme sacrement de la communion ecclésiale, mais il intégrait cette dimension dans l'eucharistie conçue comme sacrement de la communion avec le Christ et comme célébration de notre entrée dans la communion avec le Père et le Fils dans l'Esprit. Ces deux dernières dimensions ont souvent échappé à l'attention dans l'euphorie des premières années après le concile.

Une deuxième difficulté concernait « l'ouverture plus large de l'Écriture ». Les prêtres – et encore plus le peuple – étaient tout à coup confrontés aux riches trésors de l'Écriture, mais ils n'étaient pas assez qualifiés pour leur donner un sens. Aussi bien l'Ancien Testament que les lectures de Paul en furent les victimes. Ils étaient souvent contents de pouvoir laisser tomber une des lectures « pour raisons pastorales ». Ailleurs, on commençait également à introduire des lectures non bibliques « bien compréhensibles ».

Une troisième difficulté concernait l'ecclésiologie de la communion même. La liturgie réformée de l'eucharistie suppose une communauté croyante vivante, enracinée dans la communion avec le Christ et ouverte au mystère de Dieu. Dans la pratique, les communautés croyantes qui se réunissaient pour célébrer l'eucharistie avaient souvent une tout autre structure. Ce problème était encore plus fort dans les célébrations du dimanche et dans les grandes villes. Apparemment il y avait une grande tension entre la forme de l'eucharistie et la communauté qui se réunissait pour célébrer l'eucharistie. Ainsi la réforme a causé une crise dans la façon de vivre de l'eucharistie. Chaque eucharistie en fait montrait très clairement la distance entre l'idéal et la réalité. Après quelques années déjà on entendait des voix nostalgiques qui demandaient un retour à la liturgie d'avant. Il est en effet fort probable qu'il y avait une plus grande cohérence entre la forme préconciliaire de la liturgie eucharistique et la structure effective de la communauté croyante d'alors ainsi que son vécu.

La réforme de Vatican II a en plus été opérée au moment où l'Église, dans le monde occidental, se trouvait dans une tempête culturelle, qui renversait les fondements sociologiques dans laquelle elle était enracinée. Plusieurs processus ont eu lieu en même temps et il était difficile de discerner ce qui se passait vraiment. Souvent la nouvelle liturgie eucharistique était considérée comme coupable de ce qui était en fait les conséquences des grands changements sociologiques sur la vie de l'Église. En tout cas, cette confusion rendait difficile un accompagnement pastoral adapté de ces processus multiples de changement.

IV. En guise de conclusion

Lors de leurs discussions, les pères du Concile ignoraient les difficultés actuelles de l'Église d'Occident. Les réformes qu'ils ont proposées n'offrent pas de réponse directe à la crise actuelle. Pourtant, les intuitions fondamentales qui sont à la base de la réforme de la liturgie eucharistique sont de grande valeur pour le futur de notre Église. Nous sommes convaincus que « l'ouverture plus large des Écritures » et le « renforcement de l'ecclésiologie de la communion » sont deux balises pour une renaissance de l'Église dans le monde nouveau qui est en train de naître.

Précisément la liturgie renouvelée de l'eucharistie, caractérisée par l'accent mis sur l'Écriture et par sa forme de communion, s'oppose à la façon dont nous formons trop souvent l'Église : en oubliant la Parole de Dieu et de façon fort individualiste. C'est justement dans cette opposition de l'eucharistie que se trouve sa grâce : elle nous pousse dans la direction d'une Église qui se nourrit plus intensément de l'Écriture et où les personnes singulières se laissent imprégner plus profondément de la communion d'une communauté véritable, dans une communion de vie avec le Christ et dans l'attente de leur introduction dans la communion du Père et du Fils. Tout cela est œuvre de l'esprit.

Tout ceci germait déjà lorsque les pères du concile en ont discuté. Il ne s'agit pas aujourd'hui de réformer à nouveau l'eucharistie selon ce que nous sommes. Le temps est venu de nous laisser transformer nous-mêmes et nos communautés chrétiennes, selon l'eucharistie que nous célébrons. Car si l'Église fait l'eucharistie, il est vrai aussi que l'eucharistie fait l'Église.

Le dynamisme de la célébration liturgique selon la réforme de Vatican II

D. DUFRASNE

Le sujet n'est pas simple à traiter. À un premier titre : parce qu'il est assez nouveau. Les quelques données historiques qui ouvrent cette réflexion feront percevoir « d'où nous venons » il n'y a pas si longtemps. Il nous a été demandé, en peu de temps, de passer du statisme d'un rituel au dynamisme d'une célébration.

Tâche difficile à un second titre : la « Présentation générale » du Missel de Paul VI (*Institutio generalis Missalis Romani*) ne s'est pas située explicitement dans cette perspective précise. Les diverses parties de la célébration eucharistique apparaissent très clairement, certes, avec, pour chacune d'elles, la belle ordonnance de ses éléments et parties (*De structura Missae eiusque elementis et partibus*). Nous verrons que cette « Présentation » ne nous laisse toutefois pas sans quelques repères. Encore faut-il lire entre les lignes, oser dessiner un tracé, mettre en route un dynamisme. Et ce n'est pas l'aspect le plus aisé de l'entreprise, celui d'éviter d'être subjectif ou superficiel. Subjectif si l'on ne se soumet pas constamment aux propositions objectives des rites et formules ; superficiel si l'on oublie qu'au-delà de tous les modèles profanes de fête et de célébration, l'eucharistie contient et engendre son dynamisme propre, original.

QUAND LA MESSE ÉTAIT UN RITUEL COMPLIQUÉ, DONT IL FALLAIT DEVINER LE PLAN ET LA STRUCTURE

Lorsqu'après la guerre 14-18, les liturgistes lancèrent les « Missels des fidèles »[1], et mirent ainsi, entre les mains et sous les yeux des pratiquants,

[1] Sur l'histoire des missels des fidèles: Article LEFEBVRE (Pierre-Gaspar-Joseph), dans *Biographie Nationale*, t. 40, 1978, col. 607-615 (N. Huyghebart) ; *Histoire du Missel français*, volume préparé par M. ALBARIC, Brepols, 1986 (notamment p. 171-191) ; A. HAQUIN, *70 années au service du renouveau liturgique*, dans *Communautés et Liturgies*, n° 2-5 (1987), p. 105sv. ; J. FEDER,

cet ensemble déroutant de rites et de textes que, jusqu'alors, ils ne percevaient que de loin, ils eurent le souci de faire apparaître la structure de la messe, envisagée, à l'époque, comme un rituel séculaire et intangible.

On lit, par exemple, dans un Missel de 1912[2]:

> L'Ordinaire de la Messe comprend la partie invariable qu'on retrouve, depuis les âges anciens, dans l'offrande du saint Sacrifice et à laquelle la sainte Église n'a plus apporté aucun changement depuis des siècles[3].

Un essai de structure est ensuite proposé : 1. Une introduction – l'aspersion et les prières au bas de l'autel – ; 2. La partie préparatoire – des prières communes et des chants, des lectures saintes, une prédication, une profession de foi – ; 3. La partie principale – offrande de la matière du Sacrifice, la grande Action de grâce, la Communion – ; 4. L'action de grâce – cette partie comprend toutes les prières de la fin[4].

On constate le caractère rudimentaire de cette présentation. On imagine des archéologues revisitant un vieil édifice recouvert de plusieurs couches de plâtrage, à la recherche de la structure sous-jacente. Ici, les termes sont vagues : « une » introduction, « des » prières et « des » chants, « des » lectures saintes, « toutes » les prières « de la fin ». Une seule évidence : il y a une « partie principale ».

Quarante ans plus tard, dans un Missel de 1958[5], on n'a guère évolué. La présentation de la Messe est même plus élémentaire : on parle simplement d'un « Plan de la Messe » : 1. Préparation – prières au bas de l'autel – ; 2. Première partie. Avant le Sacrifice – de l'Introït au Credo – ; 3. Deuxième partie. Le Sacrifice – Offertoire, Canon, Communion – ; 4. Fin de la Messe – renvoi, bénédiction, dernier évangile[6].

On devine qu'il y a toujours une partie principale, appelée ici sommairement « Le Sacrifice » ; tout ce qui précède constitue l'« avant » Sacrifice ; et il y a une « fin » !

Cinquante ans avec le Missel des fidèles, dans *Communautés et Liturgies*, n° 2-5 (1987), p. 159sv.

[2] *Le Missel pour tous. Petite bibliothèque liturgique*, Louvain, Abbaye du Mont-César, 1912.

[3] *Le Missel pour tous*, *op. cit.*, p. 417.

[4] *Ibidem*, p. 417.

[5] *Missel quotidien et vespéral*, Bruges, Apostolat liturgique, Abbaye de Saint-André, 1958.

[6] *Missel quotidien*, *op. cit.*, p. 1090.

En fait, jusqu'au Concile, aucun Missel n'est vraiment sorti de cette présentation statique. La plus classique découpait la Messe en deux parties : « l'avant » Messe et la Messe « proprement dite ». Elle traduisait d'ailleurs la pastorale (!) de l'époque : on avait accompli son devoir dominical si on arrivait pour l'Offertoire. Un autre essai de structure vit aussi le jour, en soi plus intelligent mais malheureusement archéologique : la Messe « des catéchumènes » et la Messe « des fidèles »[7].

Des Missels, soucieux de modernité[8], renouvelèrent les dénominations des deux parties de la Messe: la liturgie « évangélique » et la liturgie « eucharistique »; avec, chez l'un d'eux[9], un essai d'explication historique: la liturgie des lectures viendrait de la liturgie synagogale, la liturgie eucharistique viendrait des usages de l'Église de Rome au IVe siècle.

QUAND LA MESSE ÉTAIT UN ÉDIFICE SÉCULAIRE, QU'IL FALLAIT HABITER AVEC INTELLIGENCE ET RESPECT

Ce serait toutefois injuste – anachronique – de reprocher aux auteurs des Missels des fidèles et aux pasteurs de ne pas avoir découvert et expliqué ce que nous appelons aujourd'hui « le dynamisme de la célébration eucharistique ». En effet, l'eussent-ils rêvé, voulu, exposé, que leur discours aurait été contredit par la pratique et par la réflexion qui avaient cours à l'époque.

La pratique. La Messe, telle qu'elle était *effectivement célébrée*, ne permettait pas d'y reconnaître autre chose qu'une succession assez gratuite d'éléments disparates ; et le déploiement cérémoniel accordé à certains éléments ne correspondait pas à leur juste importance. Ainsi : les « Gloria » polyphoniques bien plus solennels et plus longs que la proclamation de l'évangile, le Canon récité secrètement durant un « Sanctus » qui n'en finissait pas, la communion distribuée aux fidèles après la Grand-Messe au banc de communion d'un bas-côté, etc. Sans parler des textes en latin qui n'atteignaient l'intelligence et le cœur des fidèles qu'à travers le filtre

---

[7] L'Église des années 1950 ne connaissait pas encore l'institution du « catéchuménat des adultes ». C'était alors une simple référence aux catéchumènes « d'autrefois ». De plus, ceux qui auraient eu bien besoin d'un catéchuménat – les « retardataires » – n'assistaient précisément pas à la « Messe des catéchumènes » !

[8] *Missel quotidien des fidèles*, par le R.P. FEDER, s.j., Tours, Mame, 1952, p. 788-789 ; *Missel biblique de tous les jours*, Tardy, 1956, p. 646.

[9] *Missel biblique*, *op. cit.*, p. 645.

d'une traduction imprimée dans leur Missel. Il eût fallu être visionnaire ou schismatique pour proposer une célébration eucharistique telle que nous la connaissons de nos jours.

La réflexion. Les études historiques sur la Messe pouvaient être de très haut niveau scientifique. Elles n'en étaient pas moins paralysées par une *conception fixiste de la tradition.* Il est impossible de ne pas mentionner ici l'ouvrage tout à fait remarquable de Joseph-André Jungmann, *Missarum sollemnia*[10]. De fort nombreuses pages d'analyses minutieuses des rites du Moyen Âge sont malheureusement devenues aujourd'hui sans objet ; mais il est sûr que les auteurs de la réforme liturgique de Vatican II y ont puisé leur liberté, leur audace et leur compétence.

Jungmann fait encore partie, en fait, de la génération des historiens de la liturgie qui n'imaginaient pas que l'Église pût toucher à l'édifice sacro-saint de la liturgie. Peut-être même ne le souhaitaient-ils pas. L'introduction au tome premier – en fait à l'ensemble de la démarche – traduit bien la mentalité de l'époque :

> Le Christ lui-même n'a donné que le noyau essentiel de la célébration. Aux hommes d'y ajouter une enveloppe. C'est ce qu'au cours des âges, en un lent progrès, a fait l'Église. Comme pour d'autres *constructions*[11], œuvre des siècles, on n'a pas toujours conservé, pour constituer la liturgie de la messe, la même pensée directrice, le même *plan conducteur* – et cela dans l'ensemble comme dans les détails de l'*édifice*. Assurément, le fondement une fois choisi, la forme de l'eucharistie n'a par la suite jamais été altérée ; l'on doit même admirer la piété avec laquelle, au cours de la constitution de l'édifice, fut maintenu ce qui avait été une fois créé et très rarement sacrifié à une connaissance postérieure, ce qui était devenu expérience vécue... La liturgie de la messe est ainsi devenue un ensemble fort complexe, et il n'est pas donné à tous de s'y retrouver. *On pourrait le comparer à un château antique et millénaire ; le dédale de ses galeries et de ses escaliers étroits, ses hautes tours et ses immenses salles surprennent, de prime abord, le visiteur.* Il est plus pratique d'habiter une villa moderne[12].

Telle est donc bien la perception statique du rituel de la messe : essayer de comprendre et d'habiter un monument séculaire. Il est cependant intéressant de noter qu'en une brève parenthèse Jungmann se prend à rêver

---

[10] Joseph-André JUNGMANN, *Missarum sollemnia. Explication génétique de la Messe romaine*, Paris, Aubier, t. 1, 1950 ; t. 2, 1952 ; t. 3, 1953.

[11] Dans cette citation, c'est nous qui soulignons.

[12] J.-A. JUNGMANN, *Missarum sollemnia*, *op. cit.*, t. 1, p. 22

> ... que la liturgie de la messe fût constituée de telle sorte que, tout en restant fidèle à l'héritage du passé, le plan d'ensemble et la conduite des détails demeurent reconnaissables et intelligibles d'eux-mêmes, sans recours à l'histoire. Plus d'une antique cathédrale – j'ai ressenti particulièrement cette impression devant la vénérable cathédrale de Trèves – illustre en perfection cette solution. Un petit nombre d'indications suffirait alors pour expliquer la liturgie de la messe ; et l'étude de sa genèse, qu'on pourrait se dispenser d'exposer au peuple, relèverait uniquement de la curiosité historique[13].

En fait, le Concile Vatican II a réalisé ce rêve. Pour Jungmann, c'était inimaginable, pour deux raisons. Une raison culturelle : il préférait les châteaux aux villas modernes :

> Il est plus pratique d'habiter une villa moderne. Cependant l'antique édifice conserve un caractère de noblesse. Ses murs ont recueilli l'héritage spirituel des siècles révolus et les conceptions de nombreuses générations ; à leurs descendants de les y retrouver[14].

Une raison de foi : les multiples ajouts et aménagements rituels de la messe, au cours de l'histoire, ne sont, pour lui, nullement des accidents, mais l'œuvre de l'Esprit dans l'Église qui :

> par d'innombrables initiatives, venues de ses organes les plus divers, mais toujours destinées à l'organiser et à la préserver, a constamment cherché à donner à la liturgie de sa messe *une figure plus parfaite. Elle ne saurait renoncer, à l'avenir, à ce devoir toujours pressant et jamais achevé*[15].

Dans cette perspective, une urgence s'impose, et c'est la seule :

> ... une enquête à travers l'histoire doit révéler les forces diverses qui, au cours des siècles, ont contribué à édifier notre messe, et mettre en évidence les grandes phases de son développement, dans son ensemble comme en de nombreux points de détail où se sont exercées les mêmes influences ... comprendre plus pleinement l'antique tradition, et par là de voir grandir notre estime pour elles[16].

Peut-on cependant imaginer qu'un homme de l'intelligence de Jungmann se soit enfermé dans une approche aussi abstraite et statique de la Messe ? Non, bien sûr. Dans son tome 1, il aborde longuement le thème

---

[13] *Ibidem*, p. 22-23.

[14] *Ibidem*, p. 22.

[15] *Ibidem*, p. 26.

[16] *Ibidem*, p. 24.

de la *participation des fidèles* à la Messe, perspective « dynamique » s'il en est. Et il l'aborde bien, par le biais de la théologie. Il écrit des lignes auxquelles nous ne pouvons que souscrire :

> Dans ce sacrifice cultuel, le rôle de l'Église et, par conséquent, celui du peuple de Dieu ne consiste pas seulement dans une assistance passive au sacrifice du Christ ; au contraire, *toutes les forces actives sont convoquées pour une participation sacerdotale à l'œuvre sublime du Grand-Prêtre*[17] qui – dans les offrandes matérielles qui serviront au sacrifice – attire à lui jusqu'à la nature inconsciente pour la sanctifier et la transfigurer[18].

Jungmann consacre même tout un chapitre aux *Formes de la participation du peuple*[19]. Mais qu'on ne s'y trompe pas : il ne s'agit nullement d'imaginer pour l'avenir de nouvelles formes de participation ; il écrit quelque dix pages pour décrire comment, au fil des temps, le peuple a été de plus en plus privé de participer à la Messe!

Bien sûr, il regrette cet état de choses, comme il regrette toutes les « dérives » qu'au cours de l'histoire on a offertes au peuple pour « pallier » son besoin d'entrer dans une célébration qui fût plus ou moins dynamique. Parmi ces dérives, il en retient une particulièrement aberrante : celle de présenter le « déroulement » de la Messe *sous le mode allégorique.*

> Le Moyen Âge s'est attaché, avec un amour particulier, à un aspect du mystère eucharistique : ce qui se passe sur l'autel, c'est avant tout la *memoria passionis*. On voit la Passion du Seigneur dans la fraction des espèces du pain, dans la présentation du calice, d'où le Sang du Seigneur s'écoule dans la bouche des fidèles. Partant de ce symbolisme facile, on va plus loin et on en arrive, surtout après le IXe siècle, à *interpréter allégoriquement tous les rites de la Messe*[20] : on voit la fuite des disciples dans le recul des clercs au début de la Préface ; on voit le Seigneur souffrir sur la Croix, les bras étendus ; on voit sa résurrection dans la commixtion des espèces ; on va même jusqu'à retrouver dans la Messe toute la vie de Jésus, voire toute l'histoire du salut. L'action sacrée de l'autel devient un drame où le jeu et la réalité s'entre-croisent mystérieusement[21].

Encore en 1909, un prêtre estimant que « les jeunes assisteraient bien plus volontiers aux offices et continueraient dans la suite à les fréquenter avec plus de persévérance s'ils trouvaient dans le *Paroissien* une

---

[17] C'est nous qui soulignons.
[18] *Ibidem*, p. 24.
[19] *Ibidem*, t. 1, p. 286-298.
[20] C'est nous qui soulignons.
[21] *Ibidem*, t. 1, p. 223.

satisfaction, un aliment pour leur esprit et pour leur cœur s'était « imposé la règle de ne rien laisser, ni une phrase, ni un mot, qui ne fût parfaitement intelligible pour la jeunesse »[22]. Par l'allégorie, ce prêtre essayait d'insuffler un dynamisme au Rituel de la Messe.

> Gloria : Le commencement de la Messe correspond au commencement de la vie du Sauveur, de même que l'Offertoire, la Consécration, correspondent à sa Passion et à sa mort, et que la communion et les dernières prières correspondent à sa sépulture et à sa résurrection. En un mot, toute la vie de Jésus Christ se trouve rappelée de cérémonie en cérémonie dans la suite du Saint-Sacrement[23].
>
> Offertoire : Dans le calice, le prêtre mêle au vin une goutte d'eau, en souvenir de l'eau et du sang qui coulèrent du Cœur de Jésus, après sa mort, lorsqu'un soldat perça d'un coup de lance son côté sacré[24].
>
> Canon : Chaque partie de la Messe correspond à une scène de la Passion de Notre-Seigneur. Cette partie du Canon se rapporte au moment où on lui chargea sur les épaules son horrible croix, l'obligeant à gravir avec ce pesant fardeau la montagne du Calvaire. Bientôt après, notre bon Sauveur arrive au lieu du supplice, étend les bras et les pieds pour qu'ils soient percés de clous par les bourreaux. C'est ce qui est représenté par le prêtre lorsqu'il étend les mains sur le calice[25].

L'entreprise n'était cependant pas toujours dépourvue d'à propos. Voici, du même Paroissien[26], quelques essais dont nous reparlerons :

> Confiteor : Lorsqu'on doit participer à une cérémonie, assister à une fête solennelle, ou encore paraître devant un grand personnage, n'est-il pas vrai qu'on prend soin avant tout d'avoir une parfaite propreté dans son extérieur, une mise décente et convenable ? Quel ne doit pas être le zèle du prêtre pour purifier son âme de toute souillure, au moment où il va accomplir l'acte le plus sacré de la religion ? Voilà pourquoi il s'incline si profondément et frappe sa poitrine à coups redoublés. L'enfant de chœur dit

---

[22] *Nouveau Paroissien romain, expliqué à la jeunesse par des Instructions, des Réflexions et des Notes, avec un choix d'exercices et de Prières*, Grammont, Œuvre de Saint-Charles – Paris, Librairie Saint-Paul – Lille, Maison du Bon Livre, 1909, p. 5.

[23] *Nouveau Paroissien*, *op. cit.*, p. 24 et 26.

[24] *Ibidem*, p. 51.

[25] *Ibidem*, p. 54-55.

[26] *Op. cit.*

à son tour le Confiteor. Dites-le avec lui ; dites-le du fond du cœur, pénétré d'un vrai repentir[27].

Kyrie eleison : Quelle touchante supplication que le Kyrie! On la dit jusqu'à neuf fois! C'est comme une cloche qui sonne auprès de Dieu pour solliciter sa miséricorde. C'est comme la prière d'un mendiant qui répète toujours la même chose, jusqu'à ce qu'on l'ait écouté. Dites ces paroles avec une grande ferveur[28].

Gloria : Maintenant, ce n'est plus le chant de la tristesse, mais celui de la joie. Pourquoi l'Église fait-elle chanter le Gloria au prêtre à cet endroit de la Messe ? C'est parce que au commencement de la Messe commence ton salut, comme il a commencé à Bethléem[29].

Oraison : Cette oraison s'appelle Collecte. Le mot latin *collecta* signifie assemblée et aussi recueil : ces deux significations s'appliquent bien à la première oraison de la Messe, car le célébrant récite cette prière sur l'assemblée des fidèles qu'il représente à l'autel et dont il recueille en quelque sorte les vœux[30].

Pour ne pas être injuste envers Jungmann, il faut savoir que le projet de son *Missarum Sollemnia* voit le jour en 1939 et qu'il est réalisé et édité en 1945[31]. Lorsqu'en 1960, il signe la Préface de *Liturgisches Erbe und pastorale Gegenwart*[32], il n'est plus seulement un historien de la liturgie, mais il ose espérer une rénovation de la Messe :

> À travers ces pages, le lecteur constatera une même idée, à savoir le domaine de la rénovation liturgique actuelle, considérée dans la perspective de la tradition chrétienne. De plus, à travers tout l'ouvrage, on aura sans cesse devant les yeux la même préoccupation pastorale, tantôt sous la forme plus analytique d'une étude des sources, tantôt sous la forme d'une synthèse plus systématique, plus proche de la vie[33].

Ici, Jungmann a quitté la perspective archéologisante et nostalgique du pur historien. Il a rejoint les pionniers du « Mouvement liturgique », ceux dont l'audace et la liberté rendront possible la réforme conciliaire.

---

[27] *Ibidem*, p. 51-52.

[28] *Ibidem*, p. 54.

[29] *Ibidem*, p. 55.

[30] *Ibidem*, p. 57.

[31] *Missarum sollemnia. Eine genetische Erklärung der römischen Messe*, Vienne, Herder, 1945.

[32] Traduction française : J.A. JUNGMANN, *Tradition liturgique et problèmes actuels de pastorale*, Le Puy-Lyon, Éd. Xavier Mappus, 1962.

[33] *Tradition liturgique*, *op. cit.*, p. 9. C'est nous qui soulignons.

QUAND L'ADHÉSION INTÉRIEURE SUFFISAIT POUR RECEVOIR LES FRUITS DU SACRIFICE

Un rituel structuré, un édifice respecté : deux conceptions de la Messe qui privaient sa célébration d'un véritable dynamisme interne. Une troisième conception – celle de la Messe comme Sacrifice – ne pouvait pas offrir plus de chance à une compréhension organique de la liturgie eucharistique.

Certes, s'il est tout à fait légitime de renoncer aux images figées de la liturgie de la Messe comme rituel ou édifice, il ne nous est pas permis, par contre, de refuser à l'eucharistie qu'elle soit le mémorial du Sacrifice du Christ. On sait, certes, qu'au cours des siècles, la théologie catholique post-tridentine a connu quelques dérives en ce domaine, par exemple les théories de la « destruction » ou de la « représentation numérique ». Mais, fondamentalement, nous admettons comme certaine l'affirmation de la foi catholique selon laquelle

> … le Christ, actuellement glorieux dans le ciel auprès du Père, est réellement et personnellement présent dans l'eucharistie. Ceci étant admis, en vertu des concepts exprimés ci-dessus sur le sacrifice en général, sur le sacrifice du Christ sur la terre et sur son sacrifice céleste, il paraît évident que le Christ eucharistiquement présent à la Messe, continue – comme il l'a fait sur la terre et le fait dans le ciel – à s'offrir à Dieu, et, en tant que Chef de l'Univers, à offrir tous les hommes et toute la création en sacrifice à Dieu, en vertu de la même attitude sacrificielle dont il fit preuve durant son existence terrestre et sur la Croix.
>
> C'est pourquoi, à la Messe, même en l'absence de la modalité matérielle extérieure et sanglante de la Croix, est présent le sacrifice du Christ dans sa dimension intérieure formelle et déterminante : ce sacrifice est sacramentellement présent, représenté; ré-actualisé et, dans la ligne de l'anamnèse, il est remémoré à Dieu et parmi nous[34].

Mais autre chose est la théologie de la Messe, autre chose est la célébration liturgique de la Messe. Ainsi, dans le *Missel des fidèles* déjà

---

[34] Cipriano VAGAGGINI, *La dimension sacrificielle de la communion eucharistique. Réflexions théologiques et liturgiques*, dans *Communautés et liturgies*, n° 25 (1987) p. 239-240. Article remarquable sur la dimension sacrificielle de la Messe.

cité[35], la Messe n'étant présentée que sous l'aspect théologique de Sacrifice, on n'en peut rien tirer pour une mise en œuvre liturgique :

> C'est bien la divine victime elle-même que la messe fait surgir parmi nous, dans son état d'immolation. Le culte infini d'adoration, d'action de grâces, d'expiation et de supplication que le Christ a rendu à son Père sur la croix, il le lui rend à nouveau sur l'autel chaque fois que se célèbre la sainte messe.
>
> Dieu ne fait rien pour nous sans nous dans l'œuvre du salut, qui engage notre liberté ; il a livré son Fils pour nous sauver, mais ne nous sauve pas sans l'adhésion de notre volonté. Ce sacrifice de son Fils, qui s'offre sans cesse dans l'Église par le ministère des prêtres, que demande-t-il donc de notre part pour devenir nôtre et produire en nous son effet ?
>
> *Notre présence* d'abord. Si le sacrifice de la messe est réellement le sacrifice de la croix qu'il applique, la première démarche du chrétien sera d'*y assister*. Le mystère qui s'opère sur l'autel nous concerne, c'est de nous qu'il s'agit ; nous devons *y être* pour offrir le Christ en sa passion et *recevoir* de lui, dans l'action de grâces, l'immense bienfait de notre rédemption.
>
> À ce devoir de présence s'ajoute aussitôt un devoir d'adhésion. Incorporé au Christ par le baptême, le chrétien trouve dans l'immolation de son Chef l'*exemple* qui doit imprégner sa propre vie : mort au péché, vie pour Dieu. À la messe, il s'y unit de toute sa volonté, *prononce de cœur un amen* qui l'engage tout entier ; et pour que cet acquiescement soit efficace, il entend le sanctionner par toute sa conduite. L'*assistance à la messe* est donc toujours, pour le fidèle, une affirmation de vie chrétienne et un engagement personnel.
>
> Et pour que l'union au Christ et à son Église soit complète, tout cela doit normalement culminer et s'épanouir dans la communion sacramentelle. La veille de sa mort, au cours du repas pascal de la cène, Jésus, grand prêtre éternel, célébrait la première messe : il y offrait au Père, par avance, sa mort qu'il ne cesse de lui offrir dans nos messes où le prêtre tient sa place. Et de même qu'alors il a nourri les siens de sa propre substance pour les associer plus profondément au mystère de sa mort et de sa résurrection, ainsi ne devrions-nous jamais participer à une messe sans suivre l'exemple des apôtres à celle-là. Nous posséderons de la sorte, au plus intime de nous-mêmes et en toute réalité, l'antidote du péché, le germe de la vie divine, le lien de l'unité chrétienne, le gage et le ferment de la vie éternelle[36].

Il n'est pas nécessaire de trop insister. On sent bien l'atmosphère : « les richesses du calvaire sont *remises à notre portée* ; la messe *fait surgir*

---

[35] Cfr note 8.

[36] *Missel quotidien et vespéral*, *op. cit.*, p. 1087-1089. Nous soulignons les termes passifs.

parmi nous la divine victime elle-même, dans son état d'immolation[37]; le *culte* infini d'adoration, d'action de grâce, d'expiation et de supplication que le Christ a rendu à son Père sur la croix, *Il le lui rend à nouveau* sur l'autel ; qu'est-ce que Dieu demande donc de notre part ? *Notre présence...* un devoir d'adhésion... s'unir *de toute sa volonté ... prononcer de cœur* un Amen ». On ne dira jamais assez à quel point la « participation active » des fidèles à la Messe exige fondamentalement « l'adhésion du cœur ». Encore faut-il montrer comment la célébration liturgique est là, utile et nécessaire, pour aider les fidèles à adhérer au Sacrifice du Christ, au mystère pascal de mort et de vie. Le dynamisme de la liturgie eucharistique doit permettre et exprimer le dynamisme même du Passage, de la Pâque. Nous y reviendrons.

Ainsi, les dispositions intérieures – de l'âme – suffisaient pour que les fidèles, « assistant » à la Consécration, fussent atteints spirituellement par la représentation du Calvaire. Communier à l'hostie n'était certes pas sans importance. Mais c'était de l'ordre d'un surplus de ferveur. La manducation de l'hostie n'était pas déterminante : on pouvait communier « spirituellement ».

> Qu'il me serait doux, ô Jésus, de pouvoir m'asseoir à votre Banquet sacré et vous posséder au fond de mon cœur! Vous seul êtes la source de tout bien et de toute joie, la lumière, la force et le salut. Aussi je me sens attiré vers votre Sacrement d'amour, et pressé du désir de vous recevoir. Mais puisque ce bonheur ne peut m'être maintenant accordé, daignez, je vous en conjure, descendre en esprit dans mon âme et y produire, par votre grâce, les effets de la communion. Venez, ô bon Jésus, venez, vivez en moi, et qu'à jamais je vive en vous et pour vous! Que rien ne puisse me faire perdre la douceur de votre présence ![38]

Imaginer les fidèles participant à la Cène du Jeudi Saint – *Repas (pourtant) sacrificiel* – eût été préférable à les imaginer debout au pied de la Croix – *Stabat mater dolorosa.* Enfermés dans la seule optique sacrificielle, les liturgistes du début du siècle n'étaient pas capables de présenter un déroulement « organique » de la célébration liturgique de la Messe.

---

[37] Alors que C. VAGAGGINI, *La dimension sacrificielle*, *op. cit.*, refuse que le Sacrifice de la Messe soit encore une immolation : elle actualise l'oblation du Christ.

[38] *Nouveau Paroissien*, *op. cit.*, p. 79.

Heureusement, parallèlement à ces liturgistes ou même parfois dans les cercles qu'eux-mêmes fréquentaient, les renouveaux biblique, patristique, œcuménique, préparaient le « renouveau » liturgique qui deviendra une véritable « révolution » de la manière de comprendre, de vivre et de célébrer les sacrements de l'Église.

NE PAS ASSISTER EN SPECTATEURS. PARTICIPER À L'ACTION SACRÉE

Avec la Constitution sur la liturgie de 1963, l'envoi est donné. Un véritable souffle va soulever toute la pratique liturgique, inspirer un dynamisme aux célébrations des sacrements, en particulier à l'eucharistie :

> Notre Sauveur, à la dernière Cène, la nuit où il était livré, institua le sacrifice eucharistique de son Corps et de son Sang pour perpétuer le sacrifice de la croix au long des siècles, jusqu'à ce qu'il vienne, et en outre pour confier à l'Église, son épouse bien-aimée, le mémorial de sa mort et de sa résurrection : sacrement de l'amour, signe de l'unité, lien de la charité, banquet pascal dans lequel le Christ est mangé, l'âme est comblée de grâce, et le gage de la gloire future nous est donné.
>
> Aussi l'Église se soucie-t-elle d'obtenir que les fidèles n'assistent pas à ce mystère de la foi comme des spectateurs étrangers et muets, mais que, le comprenant bien dans ses rites et ses prières, ils participent consciemment, pieusement et activement à l'action sacrée, soient formés par la parole de Dieu, se restaurant à la table du Corps du Seigneur, rendent grâces à Dieu ; qu'offrant la victime sans tache, non seulement par les mains du prêtre, mais aussi unis avec lui, ils apprennent à s'offrir eux-mêmes et de jour en jour soient consommés par la médiation du Christ dans l'unité avec Dieu et entre eux pour que, finalement, Dieu soit tout en tous (paragraphes 47 et 48).

En 1970, le Nouveau Missel Romain est promulgué par Paul VI, dont l'esprit et les applications concrètes sont longuement exposés dans une introduction appelée *Institutio generalis Missalis Romani*, dont le chapitre II détaille la structure de la Messe et de ses éléments et parties.

À première vue, il semblerait que nous ne soyons pas plus avancés qu'à l'époque des missels pré-conciliaires, puisqu'il s'agit encore et toujours d'une « structure » de la messe. Mais à y regarder de plus près, le Missel de Paul VI nous offre un certain nombre d'éléments qui vont nous aider à insuffler un certain dynamisme à la célébration.

D'abord, la *structure est très détaillée*, en une succession précise de démarches rituelles qui ne donnent pas l'impression d'être là comme des barres de fer consolidant un ritualisme bétonné, mais qui apparaissent plutôt comme un réseau de nerfs et de muscles invitant la célébration sinon à courir en tout cas à *marcher allègrement*. Beaucoup de catholiques n'ont jamais eu accès au texte de l'*Institutio generalis Missalis Romani de structura Missae euisque elementis et partibus*[39].

1. *Les rites initiaux*

Ils ont un caractère d'exorde, d'introduction et de préparation. Ils visent (*finis est*) à ce que les fidèles rassemblés constituent une communion, se disposent à écouter correctement la parole de Dieu et à célébrer dignement l'Eucharistie (24).

– Le chant d'entrée vise (*finis est*) à ouvrir la célébration, à favoriser l'union de ceux qui sont rassemblés, à introduire leur esprit dans le mystère du temps liturgique ou de la fête, et à accompagner la procession du prêtre et de ses ministres (25).

– Par la salutation, le prêtre offre à l'assemblée le signe (*significat*) de la présence du Seigneur. Par cette salutation et par la réponse du peuple est manifesté (*manifestatur*) le mystère de l'Église ici rassemblée (27).

– Après que le prêtre ait invité à prier, lui et tous ménagent un temps de silence, afin qu'ils prennent conscience (*conscii fiant*) de se tenir en présence de Dieu, et qu'ils puissent, en leur cœur, lui confier leurs vœux. Le prêtre prononce alors la prière-collecte par laquelle est exprimé le climat de la célébration, prière adressée au Père par le Christ dans l'Esprit. Par l'Amen, le peuple s'y unit, la ratifie et la fait sienne (32).

On est loin, ici, d'une introduction statique aux chapitres successifs d'un exposé. Les rites initiaux, ensemble, ont une visée globale : préparer (déjà) à la liturgie de la Parole et (même aussi) à la liturgie eucharistique. C'est un bouton serré contenant déjà tout le déploiement futur de la fleur. Les rites initiaux, non seulement ensemble mais chacun successivement, contiennent une visée, portent un dynamisme. Ils appellent à une signification, une manifestation, une prise de conscience, une expression, une ratification.

Comme première approximation, on pourrait dire que le *dynamisme* des rites initiaux *doit faire passer* les fidèles du simple groupe sociologique (*convenientes* : venus de partout) à une assemblée chrétienne (*communio*), en fait l'Église de Jésus Christ manifestée ici et maintenant. Cette prise de conscience et cette manifestation culminent dans un « acte de prière »

---

[39] Les numéros sont ceux des paragraphes de l'*Institutio*.

finement structuré (prêtre-peuple) qui introduit (au sens actif) l'assemblée dans la Vie Trinitaire[40].

2. *La liturgie de la Parole*

Le seul fait que cette partie de la Messe n'est plus appelée « avant-messe » ou « avant le Sacrifice » ou « partie des lectures », mais « liturgie » de la Parole insuffle déjà tout un dynamisme. Fini le temps où les fidèles suivaient, dans leur missel, une traduction française des « textes » murmurés en latin par un prêtre enfermé dans son livre d'autel! Ils vont devoir mettre en branle la dynamique de leurs sens spirituels :
– ouvrir les oreilles, car Dieu parle (*alloquitur*) à son peuple ;
– ouvrir les yeux, car Il révèle (*patefacit*) le mystère de la rédemption et du salut ;
– ouvrir les mains, car il offre (*offert*) la nourriture spirituelle ;
– ouvrir leur cœur, car le Christ se rend présent (*praesens adest*) au milieu d'eux (33).

La liturgie de la Parole est, dès lors, traversée par le dynamisme d'un dialogue :
– quelqu'un parle – ici, Dieu –, Il se révèle, s'offre, se rend présent ;
– son vis-à-vis – ici, l'assemblée liturgique, chaque fidèle – écoute, accueille, se rend présent à l'autre, par son attention silencieuse. Dans la *structura missae*, on ne prévoit pas un silence après les lectures.

Mais, dans le chapitre II de l'*Institutio*, *Des divers éléments de la Messe*, le paragraphe 23 (*de silentio*) recommande d'observer un silence sacré (*sacrum silentium*) après la lecture (*lectione peracta*), comme un bref moment de méditation (*ea quae audierunt breviter meditantur*). Ce paragraphe fait référence au n° 30 de la Constitution sur la liturgie :

> Pour promouvoir la participation active, on favorisera les acclamations du peuple, les réponses, le chant des psaumes, les antiennes, les cantiques et aussi les actions ou gestes et les attitudes corporelles. On observera aussi en son temps un *silence sacré*.

Ainsi, le silence fait partie du dynamisme de la participation active.

---

[40] Nous avons publié un essai d'interprétation dynamique de la célébration eucharistique, comme une « rencontre » en quatre étapes. Nous y ferons parfois référence, simplement pour étoffer les suggestions de l'*Institutio* : Dieudonné DUFRASNE, *L'Eucharistie. Mystère de la Rencontre* (coll. *Goûtez et Voyez*), Mame - Éd. Du Moustier, 1991 ; La liturgie d'entrée, p. 29-45.

Au silence succède une parole de l'assemblée, par un psaume, qui n'est plus seulement appelé abstraitement « graduel » (chanté « autrefois » sur les « degrés » de l'ambon!), mais « responsorial », suggérant ainsi qu'il fait partie du *dynamisme d'un dialogue* entre Dieu qui *parle* et son peuple qui lui *répond*. Mais, plus finement encore, le psaume responsorial est lui-même traversé par un dynamisme, celui du dialogue entre le soliste qui proclame les versets du psaume, et l'assemblée qui écoute et répond par le refrain (36).

Mais ce dynamisme s'intensifie encore, puisque l'évangile proclamé cesse d'être simplement un texte mais devient le sacrement de la présence du Christ (*Christum praesentem*) que l'on entoure de vénération (*ex signis venerationis*), entre autres par la station debout (*stantes*) et par des acclamations (*per acclamationes*), et surtout que l'on écoute (*auscultant*) comme on écoute une personne que l'on reconnaît (*Christum loquentem agnoscunt*) (35)[41].

Même la profession de foi que l'on est souvent tenté de considérer comme un bloc hiératique, qui semble tomber là comme une météorite, est présentée comme faisant partie du dynamisme de la liturgie de la Parole :

> Elle apparaît là intentionnellement (*tendit*), afin que l'assemblée exprime son assentiment et réponde (*assentiat et respondeat*) à la Parole de Dieu entendue dans les lectures et l'homélie, et qu'elle se remémore les mystères de la foi (*regulam fidei sibi revocet in mentem*) avant qu'elle commence à célébrer l'eucharistie (44).

Fonction dynamique de la Profession de foi qui fait le lien entre les deux tables : la table de la Parole (« Dans les lectures, la table de la Parole de Dieu – *mensa Verbi Dei* – est dressée pour les fidèles ») et la table eucharistique (*Cena novissima*).

3. *La liturgie eucharistique*

Dès l'entrée en matière de cette troisième étape de la célébration eucharistique, l'*Institutio generalis* imprime une cohérence dynamique aux rites qui vont s'étaler de la Préparation des dons jusqu'à la Communion. Elle n'invente pas ce dynamisme, elle le puise aux gestes mêmes du Christ lors de la Cène :

---

[41] D. DUFRASNE, *L'Eucharistie*, *op. cit.*, La liturgie de la Parole, p. 47sv.

> Le Christ prit le pain et le calice, il rendit grâce, il fractionna et donna à ses disciples, en disant : Prenez, mangez, buvez : Ceci est mon Corps ; ceci est le calice de mon sang. C'est selon cette succession des paroles et des gestes du Christ que l'Église a ordonné les étapes de toute la célébration de la liturgie eucharistique (48).

Lors de la Préparation des dons, c'est le Christ qui « prend » dans ses mains (*in manus suas accepit*) le pain et le vin.

Durant l'Action de grâce, c'est le Christ qui « rend grâce » à Dieu (*Deo pro toto opere salutis gratiae aguntur*). Pain et vin deviennent (*fiunt*) son Corps et son Sang.

La Fraction du pain unique (*per fractionem unius panis*) manifeste l'unité des fidèles (*unitas fidelium manifestatur*). Et comme le Christ le donna autrefois à ses disciples, le prêtre « donne » aux fidèles le Corps et le Sang du Sauveur.

Ainsi, de la Préparation des dons à la Communion, la liturgie, de manière cohérente et dynamique, déploie en un seul geste ample le *accepit*, le *gratias agit* et le *dedit* de la Cène : il prit, il rendit grâce, il donna.

L'*Institutio generalis* ne se contente pas de présenter cet ample geste de la Cène, globalement, comme nous venons de le découvrir. Elle va détailler l'enchaînement et la signification des rites qui se succèdent jusqu'à la Communion, afin que chacun de ces rites s'inscrive dans un mouvement dynamique.

C'est ainsi que la Prière sur les offrandes fait le lien entre la préparation des dons et la Prière eucharistique : elle conclut (*concluditur*) et prépare (*praeparatur*) (54). On aurait souhaité que l'*Institutio* rappelle que la Prière sur les offrandes est le moment où, traditionnellement, la liturgie évoque l'*admirabile commercium* (« l'échange étonnant »), dont la formulation la plus claire se trouve à la Messe du 20e dimanche du Temps ordinaire :

> Accepte, Seigneur notre Dieu, ce que nous présentons pour cette eucharistie où s'accomplit un *admirable échange* : en offrant ce que tu nous as donné, puissions-nous te recevoir toi-même[42].

La Prière eucharistique s'inscrit, elle aussi, dans le dynamisme de toute la célébration (*totius celebrationis*). C'est vers elle comme vers un sommet

---

[42] Nous avons fait le relevé exhaustif de ces formulations dans le Missel, aux pages 83-85 de notre ouvrage *L'Eucharistie*, *op. cit.*

(*culmen*) qu'est monté tout ce qui a précédé. C'est d'elle comme d'un centre (*centrum*) que tout va se déployer jusqu'à la communion (54)[43].

Loin de nous donner la Prière eucharistique comme un texte apparemment confus et sans fil conducteur, l'*Institutio* nous la présente comme un discours bien allant, en huit étapes d'égale importance semble-t-il, puisque chacune d'elle est commentée par à peu près le même nombre de lignes : – l'action de grâce (Préface) – l'acclamation (Sanctus) – l'épiclèse (invocation de l'Esprit) – le récit de l'institution (consécration) – l'anamnèse (mémorial) – l'offrande (oblation du Christ et de nous-mêmes) – les intercessions (communions des saints) – la doxologie (glorification du Père, par le Fils, dans l'Esprit).

4. *Le rite de communion*

On est un peu étonné que l'*Institutio* parle, pour la Communion, plutôt de « rite » que de « liturgie », comme elle a parlé de la « liturgie de la Parole », et puisque dans son esprit, l'eucharistie offre deux tables, la table de la Parole (*mensa Verbi*) et la table du Pain (*novissima Cena*). Peut-être l'*Institutio* veut-elle suggérer que, dans cette partie de la Messe, les gestes importent plus que les paroles. Personnellement, nous le pensons[44]. Car la Communion est présentée, non comme une démarche de piété, mais comme une rencontre conviviale (*convivium paschale*) à la manière dont le Christ et ses disciples ont vécu la Cène du Jeudi saint (56).

L'Oraison dominicale est bien située comme introduction à la Communion, puisque, au cœur de la célébration eucharistique, le « notre pain de ce jour » signifie le *Panis eucharisticus* ; et parce que la demande du « pardon des offenses » rappelle l'exigence du Christ à nous pardonner mutuellement avant de nous approcher de l'autel. C'est pourquoi, de tout temps et dans toutes les familles liturgiques, le « Notre Père » a toujours constitué l'introduction aux rites de Communion[45].

Le Baiser de paix s'inscrit dans le dynamisme de l'Oraison dominicale :

---

[43] Il est donc regrettable que la Prière eucharistique soit parfois perçue par certains fidèles et prêtres comme un « temps mort » ou une « chute » du dynamisme de la célébration. On peut résorber cette appréciation négative en veillant à faire une catéchèse de la Prière eucharistique et, bien sûr, en soignant le ton, le rythme et les interventions de l'assemblée.

[44] D. DUFRASNE, *L'Eucharistie*, *op. cit.*, p. 123-125.

[45] *Ibidem*, p. 125-130.

> Suit le rite de la paix, par lequel les fidèles demandent la paix et l'unité pour l'Église et pour la famille universelle des hommes, en même temps qu'ils expriment leur charité mutuelle, avant de prendre part à un Pain unique (56).

Et la Fraction du Pain continue, symboliquement, le dynamisme de ce qui précède : elle n'est pas que « fonctionnelle » (partager le pain pour les communiants : *non habet tantum rationem effectivam*) ; elle « signifie » que nombreux à communier à l'unique Pain de vie, le Christ, nous devenons un seul Corps (*significat nos multos in Communione ex uno pane vitae, qui est Christus, unum corpus effici*) (56). On peut regretter que l'*Institutio* ne signale par la pertinence du chant de l'« Agneau de Dieu » durant la Fraction du Pain. Pourtant, la tradition liturgique, tant occidentale qu'orientale, est unanime pour reconnaître dans la « fraction » du Pain le symbole du Serviteur souffrant « broyé », « brisé » par la mort[46].

L'*Institutio* ne laisse décidément rien à la négligence. La Monstration du Pain eucharistique (*panem eucharisticum sacerdos ostendit*) est un ultime appel à l'humilité (*actum humilitatis*).

Enfin, on ira communier en chantant et en processionnant (*cantus... processionem*) : ainsi s'exprimeront l'unité spirituelle et la joie du cœur des communiants.

5. *Le rite de conclusion*

Après un tel parcours dynamique, le terme « conclusion » (*ritus conclusionis*) est malvenu. Car si on conclut un discours, on achève une action. L'*Institutio* aurait pu être géniale jusqu'au bout ! Elle dit simplement que chacun est renvoyé à ses foyers pour faire le bien (*ad opera sua revertatur*), avec sur les lèvres et dans le cœur des louanges liturgiques (*collaudans et benedicens Dominum*) (57).

L'achèvement d'un tel dynamisme liturgique ne peut être une « démission » (*dimissione ipsa, qua coetus dimittitur*), mais un envoi en « mission ». Le « Allez, dans la paix du Christ » ne peut absolument pas signifier « Retournez chez vous en toute sérénité ». Le prêtre, ici, assume l'expression même du Christ de l'Ascension : « Allez donc ! De toutes les nations faites des disciples ». L'Eucharistie n'est jamais qu'une brève rencontre, qui initie les chrétiens à rencontrer tout homme en attente du

---

[46] *Ibidem*, p. 134-137.

salut. Et, d'eucharisties en eucharisties, ils viennent déposer et renouveler cette attente universelle dans les mains du Christ, « pour la gloire de Dieu et le salut du monde ».

Ministères, services et participation active à l'eucharistie

J. LAMBERTS

I. LA LITURGIE: L'AFFAIRE DE LA COMMUNAUTÉ EN FÊTE

Le Concile Vatican II affirmait : « C'est à juste titre que la liturgie est considérée comme l'exercice de la fonction sacerdotale de Jésus-Christ, exercice dans lequel la sanctification de l'homme est signifiée par des signes sensibles et est réalisée d'une manière propre à chacun d'eux, dans lequel le culte public intégral est exercé par le Corps mystique de Jésus-Christ, c'est-à-dire par le Chef et par ses membres. Par suite, toute célébration liturgique, en tant qu'œuvre du Christ et de son Corps qui est l'Église, est l'action sacrée par excellence dont nulle autre action de l'Église ne peut atteindre l'efficacité au même titre et au même degré »[1]. Cela vaut pour chaque célébration liturgique, mais surtout pour la célébration de l'eucharistie, qui est selon le Concile « source et sommet de toute la vie chrétienne »[2].

1. *Participation active*

Il est frappant de constater qu'ici aucune distinction n'est faite entre le prêtre et le laïc, mais bien entre le Christ, le grand prêtre, et toute la communauté de foi qui célèbre. Ce n'est que lorsque la Constitution donne ses directives concrètes, qu'elle parle des différents ministères liturgiques parmi lesquels elle cite, par essence, une célébration communautaire. Le fait de mettre l'accent sur la communauté célébrante en tant que sujet de la liturgie sous-entend par définition la participation active de tous ceux qui appartiennent à cette communauté de foi rassemblée et concrète[3]. La liturgie n'est pas seulement une tâche pour le peuple, mais tout aussi bien

---

[1] *Sacrosanctum Concilium* (=*SC*) 7.

[2] *Lumen Gentium* (=*LG*), n° 11. Voir *Ad gentes divinitus*, n° 9; *Christus Dominus*, n° 30, 2; *Presbyterum ordinis*, n° 6.

[3] *SC* 11.

la tâche du peuple. Autrement dit : la liturgie n'est pas uniquement la célébration, pour les fidèles, de l'œuvre de salut au nom du Christ et de l'Église par le prêtre mandaté, mais elle est tout autant une tâche de ces fidèles eux-mêmes.

– En vertu du baptême

La participation des fidèles à la liturgie est un droit fondamental ; c'est même une obligation basée sur leur baptême, qui est une incorporation au peuple de Dieu[4]. Cette participation ne découle pas du droit de l'Église ou d'une autorisation ecclésiale. En 1958, une instruction romaine désignait encore les lectures, les chants de la chorale et d'autres services comme des services cléricaux qui ne pouvaient être confiés à des laïcs que par délégation[5]. À l'encontre de cela, la Constitution affirme que, par exemple, les acolytes, les lecteurs et la chorale remplissent un véritable ministère liturgique[6]. Affirmer cela signifie aussi que lorsqu'on s'engage comme lecteur ou comme chantre ou comme membre du groupe liturgique, ce n'est en fait pas pour aider Monsieur le curé. C'est sympathique, mais le problème est ailleurs. Les gens qui s'engagent pour la liturgie ne sont pas une sorte de « roue de secours », maintenant que le nombre de prêtres diminue à vue d'œil. Non, ils y ont tout simplement droit et ils y sont même obligés parce qu'ils sont baptisés[7]. Le Concile a dit cela en 1963, à une époque où il y avait encore assez de prêtres.

– Un sacerdoce royal

Le Concile appelle le peuple chrétien lui-même un sacerdoce royal. La Constitution dogmatique sur l'Église fait une distinction entre « le sacerdoce commun des fidèles » et le « sacerdoce ministériel ou hiérarchique ». Bien que les deux soient distincts l'un de l'autre, dit-on, ils sont ordonnés l'un à l'autre, et aussi bien l'un que l'autre participent, chacun selon son mode propre, à l'unique sacerdoce du Christ[8]. Le Concile parle du « sacerdoce commun des fidèles » et donc pas, comme on le traduit souvent, du « sacerdoce général ». La distinction entre notre

---

[4] *SC* 14.
[5] *Acta Apostolicae Sedis* (=*AAS*) t. 50, 1958, p. 630-663, 632.
[6] *SC* 29.
[7] J. LEBON, *Pour vivre la liturgie*, Paris, Cerf, 1986, p. 35.
[8] *LG*, n° 10.

sacerdoce de baptême et le sacerdoce ministériel n'est pas celle du « général » par opposition au particulier, mais plutôt celle du « commun » par rapport au « personnel ». Les deux modes de sacerdoce, celui des baptisés en tant que communauté et celui du prêtre en tant que ministre de l'Église, prennent leur source dans le sacerdoce unique du Christ et y participent.

Une première différence est que le « sacerdoce baptismal » est un terme collectif, qui concerne la communauté des baptisés en tant que telle, et qu'il n'est pas une addition de prêtres individuels, alors que le « sacerdoce de service » ou « sacerdoce ministériel » est réalisé en un charisme personnel : l'Église institutionnalise le fait que quelqu'un devient une personne mandatée par l'Esprit. La seconde différence est que le sacerdoce ministériel sous-entend le sacerdoce commun et a la mission de guider celui-ci dans sa communication avec le Christ.

– Le ministère comme service

Le ministère s'exerce au sein et non au-dessus de la communauté rassemblée pour le culte ; il est un service de la construction et du fonctionnement de la communauté. Ainsi le ministère a-t-il un lien caractérisé avec la communauté ; il ne doit jamais devenir une mise à l'écart cléricale. D'un côté, le ministère exprime de façon particulière la mission sacerdotale de toute la communauté ecclésiale. De l'autre, le ministre est ordonné pour représenter de manière sacramentelle le Christ en tant que Tête au sein de la communauté célébrante, Corps (mystique) du Christ. Il faut donc bien distinguer les sacerdoces commun et ministériel et non pas les séparer.

En tant que baptisés, nous sommes bien un peuple sacerdotal, mais pas un peuple de prêtres. Il y a bien des prêtres qui sont appelés hors du peuple sacerdotal pour nous guider dans notre mission sacerdotale. Leur sacerdoce est dès lors appelé un « ministère », littéralement un service, qui sous-entend une certaine expérience et une certaine compétence. En effet, la tentation est toujours grande de détourner même inconsciemment la compétence reçue et d'en venir à se comporter de façon autoritaire.

2. *Nous portons ensemble la célébration*

– Tous sont responsables

Dans une telle approche de la liturgie, chaque membre de la communauté de foi rassemblée a une tâche et une responsabilité propres afin que la liturgie soit vraiment ce qu'elle est par essence. Le moins que l'on puisse dire est que tous, par leur participation active à la célébration, offrent de l'espace pour que la communauté puisse vivre et exprimer sa foi, pour que se réalise la rencontre avec Dieu. Et cela est très important : dans la mesure où je m'investis dans la célébration, dans la participation franche à la prière et au chant, dans la mesure où je soigne mon attitude corporelle et où je participe à la communion, je crée alors également les conditions pour que notre rassemblement devienne vraiment une rencontre festive avec le Seigneur et entre nous.

– Tâches spécifiques

Certains, au cours de cette action liturgique, ont une tâche plus spécifique en tant que président, diacre, lecteur, acolyte, choriste, etc... Mais, quoi qu'il en soit, dans une interaction permanente, tous sont solidairement responsables de la réalisation de la célébration liturgique en tant que rassemblement autour de la Parole de Dieu porteuse de salut, en tant que louange et action de grâce au Père, en tant qu'acte d'adhésion au don de soi total du Christ, en tant qu'union avec Christ et avec le prochain, en tant que moment où l'on se laisse transformer et inspirer par l'Esprit unificateur pour œuvrer dans ce monde à la vraie *koinônia.*

– La communauté « célèbre »

Cette mise en œuvre n'est donc pas seulement la tâche du « célébrant », mais de toute la communauté. Dans le sens plein et entier du mot, le prêtre n'est pas le seul qui célèbre : c'est la communauté qui célèbre. Le mot latin « celebrare » signifie en effet à l'origine « se rassembler avec beaucoup ». Même le mot « fêter » suppose une communauté. Si j'ai quelque chose à fêter, je ne me retire pas du monde, j'invite les autres, je veux avoir des gens autour de moi pour partager ma joie avec eux. Ce n'est que depuis le bas moyen âge, lorsque la liturgie s'est développée en une liturgie cléricale, que l'on a appliqué au prêtre le terme « célébrant ». Dans l'antiquité chrétienne, le prêtre était appelé « pro-estôs » dans sa fonction liturgique, c'est-à-dire littéralement : celui qui est devant, ce que nous reproduisons maintenant avec le terme « président »[9].

En effet, les mots que nous utilisons en disent parfois long sur la manière dont nous vivons la liturgie. Il serait inconcevable aujourd'hui de dire : « notre curé lit sa messe à dix heures ». Ce n'est d'abord pas « sa » messe, et ensuite il ne la « lit » pas, mais nous la célébrons ensemble.

– Un large éventail de « services »

Au service de ce « célébrer ensemble », nous devons citer, outre les services déjà mentionnés, les tâches du sacristain, de l'organiste, du chantre, des personnes qui sont responsables de l'accueil, de ceux qui font la collecte, des ministres extraordinaires de la communion, de l'équipe liturgique, mais aussi des gens qui entretiennent ou décorent l'espace réservé à la liturgie[10]. Au sens le plus large, nous pouvons appeler tout cela des « services liturgiques », l'un étant peut-être moins direct que l'autre.

3. *Qualités qu'il faut viser pour ce service*

Aujourd'hui, pour remplir vraiment les services liturgiques (les plus directs) comme un service à la communauté célébrante, pour aider vraiment celle-ci à être à l'écoute de la parole prêchée, à répondre de façon croyante, à prier sincèrement et à rendre grâce, à former une communauté avec Dieu et le prochain, les chrétiens doivent faire preuve d'un certain nombre de qualités[11]:

– Un esprit de service

Il ne faut pas vouloir attirer l'attention sur soi-même, mais se demander comment on peut, comme lecteur par exemple, contribuer à ce que la Parole de Dieu résonne mieux dans telle communauté célébrante concrète. Cela implique que l'on prépare la lecture, qu'on l'étudie et surtout qu'on se laisse interpeller par elle. Alors peut-être, de par mon service de lecteur, la Parole de Dieu pourra-t-elle résonner comme une parole

---

[9] Voir J. LAMBERTS, « De spiritualiteit van de voorganger », dans *Collationes*, t. 22, 1992, p. 41-66.

[10] Voir p. ex. A. KUHNE (Hrsg.), *Die liturgischen Dienste. Liturgie als Handlung des ganzen Gottesvolkes*, Paderborn, 1982.

[11] Je commente ici les caractéristiques que j'emprunte à J. LEBON, *op. cit.*, p. 42-45.

d'encouragement, comme une parole qui nous appelle à changer de vie, comme une parole qui nous met au défi et nous amène à la réflexion.

– Une foi sincère

Celui qui, dans la liturgie, remplit un service doit savoir être prêt à faire ce que la foi de l'Église a en vue, même s'il est lui-même en recherche dans sa vie personnelle de croyant. Car qui ne l'est pas?

– La capacité et la formation nécessaires

Un lecteur doit pouvoir lire clairement, un organiste doit connaître la musique (liturgique), etc... Chacun doit être prêt à se perfectionner toujours plus dans son service, y compris le prêtre. Certains prêtres en effet ne « célèbrent » pas vraiment parce qu'ils ont appris à « dire la messe ». Certains lecteurs ne transmettent pas ce qu'ils lisent. Il ne s'agit pas ici de critiquer la bonne volonté de tant de gens. Au contraire. D'ailleurs, lorsque la liturgie est vraiment célébrée, on laisse plus volontiers passer d'éventuelles imperfections. Ce que je veux dire, c'est que chacun d'entre nous, quel que soit le service qu'il ou elle accomplit dans la liturgie, doit continuer à s'engager à ce que tout soit fait le mieux possible. La liturgie est trop importante pour qu'on la laisse se dérouler négligemment, que l'on embrouille les textes, que l'on ânonne les prières, que l'on pose des rites simplement parce qu'ils ont été prévus une fois pour toutes.

– Être prêt à collaborer

Il est difficile d'arriver à une célébration qui fonde la communauté si l'on n'arrive pas, dans le respect de l'apport de chacun, à se concerter pour la préparation de la célébration.

– Savoir que l'on est aussi participant à la célébration

Un service liturgique n'est pas la « prestation » ou le show d'un parolier ou d'un chanteur. Un lecteur ne peut liturgiquement bien accomplir sa tâche que s'il se place lui-même sous la Parole et prend conscience qu'il n'est pas seulement là pour lire, mais aussi pour prier, chanter, bref célébrer avec toute la communauté. Il n'est pas acceptable que le chef de chorale et l'organiste en soient encore à se mettre d'accord sur ce qu'ils vont chanter, alors que le lecteur lit la première lecture. Il n'est pas acceptable que celui qui préside donne des instructions aux enfants de chœur durant la première lecture ou qu'il commence déjà à disposer le texte de son homélie au lutrin. Il n'est pas acceptable que la lectrice, après avoir lu une intention, retourne à sa place alors que le prêtre conclut par une prière. Nous montrons, par toutes sortes de petites choses comment nous vivons notre service et la liturgie, et surtout aussi comment nous célébrons vraiment ensemble.

II. La célébration eucharistique dominicale

1. *Centre de toute la vie chrétienne*

Ce que nous avons exposé jusqu'à présent pour la liturgie dans son ensemble, vaut aussi de la manière la plus explicite pour la célébration de l'eucharistie, surtout le dimanche, jour du Seigneur, jour du rassemblement de la communauté des croyants. C'est pourquoi les applications que nous avons faites ont un rapport avec l'eucharistie dominicale.

La *Présentation générale du Missel romain* débute d'ailleurs par l'important propos qui suit : « La célébration de la messe, comme action du Christ et du peuple de Dieu organisé hiérarchiquement, est le centre de toute la vie chrétienne pour l'Église, aussi bien universelle que locale, et pour chacun des fidèles. C'est en elle, en effet, que se trouve le sommet de l'action par laquelle Dieu, dans le Christ, sanctifie le monde, et du culte que les hommes offrent au Père, en l'adorant par la médiation du Christ, Fils de Dieu. En outre, c'est dans cette célébration que les mystères de la Rédemption, au cours du cycle annuel, sont commémorés de telle sorte qu'ils sont rendus présents d'une certaine façon. Quant aux autres actions sacrées et à toutes les œuvres de la vie chrétienne, elles s'y relient, elles y trouvent leur source et leur but »[12].

2. *Manifestation de notre « être Église »*

En rejoignant ce que demandait la Constitution sur la liturgie[13], la *Présentation générale du Missel romain* précise plus loin : « Dans l'Église locale, on accordera évidemment le premier rang, à cause de tout ce qu'elle signifie, à la messe présidée par l'évêque entouré par son

---

[12] *Présentation générale du Missel romain* (=*PGMR*), n° 1.

[13] *SC*, n°s 41-42.

presbyterium et par ses ministres, et à laquelle le peuple saint de Dieu participe de façon plénière et active. Car c'est alors la principale manifestation de l'Église. On doit aussi estimer grandement la messe célébrée avec une communauté, surtout paroissiale, en tant que cette communauté représente l'Église universelle, à un moment et dans un lieu déterminé ; mais cela vaut surtout pour la célébration communautaire du dimanche »[14].

– Depuis le rassemblement autour de l'évêque

Il est remarquable que ces textes ne démontrent pas seulement que l'eucharistie dominicale est la forme la plus élevée d'un véritable « liturgie ecclésiale »[15], mais que cette célébration eucharistique est elle-même vécue dans sa forme la plus élevée lorsque la communauté locale se rassemble autour de l'évêque avec son presbyterium et ses diacres.

Ici, l'évêque est encore vu comme « *ordinarius loci* », ce qui signifie à l'origine celui qui, assisté par les presbytres et des diacres, est le premier Prêtre, Docteur et Pasteur d'un lieu déterminé (*locus*), qui, avant l'extension de la chrétienté aux territoire ruraux, était une ville, une *civitas* romaine. À notre époque, des évêchés trop petits ne peuvent peut-être plus subsister de par eux-mêmes ; des questions critiques peuvent être posées, à partir de cette « image idéale », à propos des trop grands diocèses , où l'on ne peut se passer d'évêque(s) auxiliaire(s) et où il devient difficile de réaliser ce que la *Constitution dogmatique sur l'Église* dit : « Chaque fois que la communauté de l'autel se réalise, en dépendance du ministère sacré de l'évêque, se manifeste le symbole de cette charité et de cette unité du Corps mystique sans laquelle le salut n'est pas possible »[16].

L'évêque local est aussi celui qui, dans son ministère, relie la communauté ecclésiale locale à la communauté ecclésiale universelle et assure le lien avec les apôtres en tant qu'ils sont les premiers témoins et les premiers envoyés du Seigneur ressuscité. C'est pourquoi l'ordination épiscopale est faite par au moins trois évêques.

---

[14] *PGMR*, n°s 74-75.

[15] Voir J. LAMBERTS, « Ecclesiale liturgie en het Romeinse Missaal », dans *Tijdschrift voor liturgie*, t. 68, 1984, p. 358-365.

[16] *LG*, n° 26, avec renvoi à la lettre d'Ignace d'Antioche aux chrétiens de Smyrne (8,1) ainsi qu'à THOMAS D'AQUIN, *Summa Theologica,* III, 73, 3.

– Conséquences concrètes

Tout cela signifie concrètement que, dans la cathédrale, là où se trouve la cathèdre de l'évêque, dont la fonction n'est certainement pas décorative, l'eucharistie chantée, avec la participation active de beaucoup de croyants, avec la collaboration de diacres, de lecteurs, d'acolytes, etc... présidée par l'évêque et concélébrée par quelques-uns de ses prêtres, doit pouvoir se dérouler le plus souvent possible les dimanches et les jours de grandes fêtes.

À côté de cela, l'évêque présidera aussi souvent la « simple » célébration dominicale dans les paroisses, pas seulement lors des confirmations (s'il ne se fait pas déjà « remplacer » trop facilement là). Si cela n'est pas possible, il y a alors quelque chose de boiteux et les vénérables textes conciliaires encourent la menace de devenir des vœux pieux.

– Le prêtre en tant que personne qui préside

Ce n'est que sur cet arrière-fond que le fait pour les prêtres de présider la célébration eucharistique dans la paroisse trouve sa signification plénière. Ainsi, la *Constitution sur la liturgie* précise-t-elle : « Comme l'évêque dans son église ne peut présider en personne à tout son troupeau, ni toujours ni partout, il doit nécessairement constituer des assemblées de fidèles, parmi lesquelles les plus importantes sont les paroisses, organisées localement sous un pasteur qui tient la place de l'évêque : car, d'une certaine manière, elles représentent l'Église visible établie dans l'univers »[17]. Lorsqu'alors au sein de ces paroisses, l'eucharistie est célébrée, elle est aussi censée se dérouler « sous la direction » de l'évêque[18]. L'évêque Ignace d'Antioche († environ 110) disait déjà : « Que personne ne fasse en dehors de l'évêque rien de ce qui regarde l'Église. Que cette eucharistie seule soit regardée comme légitime, qui se fait sous la présidence de l'évêque ou de celui qu'il en aura chargé »[19].

Ainsi donc, un prêtre ne préside pas en première instance la célébration eucharistique parce qu'il a été choisi pour cela par la communauté de foi, ou sur base de ses qualités humaines, mais parce que, par son ordination et

---

[17] *SC*, n° 42.

[18] *LG*, n° 26.

[19] IGNACE D'ANTIOCHE, *Aux chrétiens de Smyrne*, 8, 1 (coll. *Sources chrétiennes*, 10), Paris, 1958, p. 163.

sa mission, il agit à la place de l'évêque et en relation avec lui. En ce sens, il partage aussi, dans l'unité de l'Église, la mission apostolique. Dans ce même sens, il est le signe concret que cette communauté de foi ne se rassemble pas sur base d'une initiative du groupe, mais est appelée par le Seigneur à se rassembler afin de se laisser transformer par sa parole et l'union sacramentelle avec lui[20].

– Une communauté qui dit oui par son Amen

Il est important que cette communauté de foi rassemblée approuve cela. La *Présentation générale du Missel romain* dit ceci : « Lorsque le chant d'entrée est fini, le prêtre et toute l'assemblée font le signe de la croix. Ensuite, le prêtre, en saluant la communauté rassemblée, lui manifeste la présence du Seigneur. Cette salutation et la réponse du peuple manifestent le mystère de l'Église rassemblée »[21].

La salutation dont il est ici question n'est pas seulement un geste de politesse au début de la célébration, mais une profession de foi explicite : la bénédiction de Dieu est promise à la communauté de foi rassemblée, l'*ekklêsia*[22]. En même temps, l'on exprime avec foi que toute la célébration eucharistique est une proclamation et une actualisation du salut de Dieu pour les croyants, qui acceptent cela avec gratitude. Il apparaît ainsi clairement que l'eucharistie est l'affaire de toute la communauté de foi célébrante, qui, comme nous le disions plus haut, a été réunie sur base du baptême ; elle est un événement auquel chacun dans cette *ekklêsia* se doit de participer pleinement.

De cette façon, la communauté de foi peut effectivement, par le service de l'évêque – représenté ici par le prêtre de paroisse –, être l'expression, la manifestation, l'expérience vécue du mystère de l'Église rassemblée.

---

[20] Église, « *ekklêsia* » signifie en effet le peuple de Dieu appelé au culte, d'où ce mot grec, qui signifie littéralement « assemblée » et qui vient de l'hébreu « *qahal Jahwe* ».

[21] *PRGMR*, n° 28.

[22] L'expression latine « *salutatio* » contient en effet le mot « *salus* » et renvoie expressément à la promesse de salut de la part de Dieu.

L'eucharistie au cœur de l'Église

M. T'JOEN

Il est remarquable que dans le Nouveau Testament le mot « église » (*ekklèsia*) ne s'applique pas uniquement aux communautés des chrétiens, qu'elles soient locales ou plus larges, mais aussi à leurs rencontres liturgiques et eucharistiques. C'est notamment le cas dans le plus ancien passage de l'Écriture qui parle de l'eucharistie (1 Co 1,2; 15,9; 11,18). Nous y trouvons une première indication, jusque dans la terminologie elle-même, de la dimension essentiellement ecclésiale de l'eucharistie.

Aujourd'hui encore, dans l'appréhension intuitive et le langage spontané, il est d'usage de lier le fait d'être concerné ou non par l'Église avec la participation ou non à l'eucharistie du dimanche. L'expression « chrétiens pratiquants » se réfère, au sens strict du terme, à l'engagement effectif à la suite du Christ, à l'expérience réelle de l'Évangile. Pourtant, les gens concernés eux-mêmes, ainsi que les pasteurs et les chercheurs, évaluent surtout la « pratique de l'Église » à l'aune de la participation à la célébration de l'eucharistie hebdomadaire.

Dans quel sens peut-on alors dire que l'eucharistie touche au cœur de l'Église, qu'elle « fait » Église ? Quelques textes de base du Nouveau Testament nous apprennent que l'Église est une communauté fondée sur un nouveau lien, qui est constamment activé par la célébration de la Nouvelle Alliance.

Motifs néo-testamentaires

Comment naît « l'Église » ? En quoi consiste-t-elle ? Quelle place l'eucharistie y occupe-t-elle ? Tout cela, nous pouvons le découvrir, en guise d'introduction, dans l'image idéale que le début des Actes des Apôtres (Ac 2,36-47) esquisse à propos de la première prédication et de la formation de l'Église:

> « [36]Que toute la maison d'Israël le sache donc avec certitude : Dieu l'a fait Seigneur et Christ, ce Jésus que vous, vous avez crucifié. » [37] D'entendre cela, ils eurent le cœur transpercé, et ils dirent à Pierre et aux apôtres : « Frères, que devons-nous faire ? » [38]Pierre leur répondit : « Repentez-vous, et que chacun de vous se fasse baptiser au nom de Jésus

> Christ pour la rémission de ses péchés, et vous recevrez alors le don du Saint-Esprit. [39]Car c'est pour vous qu'est la promesse, ainsi que pour vos enfants et pour tous ceux qui sont au loin, en aussi grand nombre que le Seigneur notre Dieu les appellera. » [40]Par beaucoup d'autres paroles encore, il les adjurait et les exhortait : « Sauvez-vous, disait-il, de cette génération dévoyée. »
>
> [41]Eux donc, accueillant sa parole, se firent baptiser. Il s'adjoignit ce jour-là environ trois mille âmes. [42]Ils se montraient assidus à l'enseignement des apôtres, fidèles à la communion fraternelle (*koinônia*), à la fraction du pain et aux prières (...). [44]Tous les croyants ensemble mettaient tout en commun ; [45]ils vendaient leurs propriétés et leurs biens et en partageaient le prix entre tous selon les besoins de chacun. [46]Jour après jour, d'un seul cœur, ils fréquentaient assidûment le Temple et rompaient le pain dans leurs maisons, prenant leur nourriture avec allégresse et simplicité de cœur. [47]Ils louaient Dieu et avaient la faveur de tout le peuple. Et chaque jour, le Seigneur adjoignit à la communauté ceux qui seraient sauvés.

Cet extrait des Actes des Apôtres contient deux parties. La première (v. 36-41) montre comment naît « l'Église » ; la seconde (v. 42-47), comment vit la communauté du Christ. Bien que Luc introduise plus tard, notamment à partir de 5,11, le terme *ekklèsia*, la signification de base de ce terme – « communauté appelée » – est déjà indiquée ici. Grâce au témoignage des apôtres et de la communauté, des gens sont appelés, « élus » et rassemblés par Dieu.

La dynamique de la naissance de l'Église commence par la proclamation centrale que Jésus est le Christ. Devenir chrétien, c'est se laisser toucher par le message de salut selon lequel le Crucifié a été ressuscité par Dieu et qu'il est donc Seigneur. La réaction doit consister en la conversion du cœur (*metanoia*), scellée par le baptême. Le baptême réalise un lien vital avec Jésus-Christ. Il consiste en la rémission des péchés et en le don de l'Esprit Saint. En décrivant la vie de la communauté, Luc en souligne surtout le nouveau style de communauté dont les premiers chrétiens font preuve. Leur *koinônia* consistait en une unité spirituelle (cfr Ac 4, 32), en un esprit de communauté qui s'exprimait en particulier et étonnamment dans un rapport nouveau et solidaire à la possession. Dans cette communauté, chacun peut se développer personnellement. Elle est largement ouverte et elle recrute.

Enfin, il est remarquable que le baptême et la fraction du pain reçoivent spontanément une place dans cette esquisse de programme. Le baptême marque « l'initiation » des « croyants ». La « fraction du pain » est une partie inaliénable de la nouvelle vie communautaire. Que l'eucharistie soit ainsi un pilier essentiel de l'Église en tant que « communauté » est une première et importante constatation.

Pour explorer de plus près la signification ecclésiale de l'eucharistie, nous nous référons à la Première lettre aux Corinthiens. Au milieu des années 50, Paul plaide ardemment pour l'unité de l'Église, qui est alors menacée par différentes influences culturelles. Lorsqu'il traite un des points d'achoppement, la question des viandes sacrifiées aux idoles (1 Co 8-10), il écrit alors le passage qui suit :

> La coupe de bénédiction que nous bénissons, n'est-elle pas communion (*koinônia*) au sang du Christ ? Le pain que nous rompons, n'est-il pas communion (*koinônia*) au corps du Christ ? Parce qu'il n'y a qu'un pain, à plusieurs, nous ne sommes qu'un corps, car tous nous participons à ce pain unique (10,16-17).

Deux thématiques se développent ici l'une à côté de l'autre. Tout d'abord Paul établit que la communion eucharistique signifie un véritable lien avec le Christ. Un choix s'impose : « Vous ne pouvez boire la coupe du Seigneur et la coupe des démons ; vous ne pouvez participer à la table du Seigneur et à la table des démons » (v. 21). Ensuite, il utilise la symbolique du pain partagé pour mettre en valeur l'unité stricte des participants (« un corps »). D'où la règle de conduite ecclésiale : « Que personne ne cherche son propre intérêt, mais celui d'autrui » (v. 24). Ainsi Paul veut s'opposer à un spiritualisme prétentieux (cfr 8, 1-3) qui néglige autant la portée de l'acte cultuel que son impact ecclésial.

Dans le chapitre suivant, Paul doit régler ses comptes avec un usage partisan du repas et de la célébration eucharistique (11,17-34). Les différences sociales et peut-être aussi l'atmosphère des repas cultuels païens avaient, semble-t-il, tellement porté atteinte aux rassemblements à Corinthe, que la signification de l'eucharistie (qui succédait alors à un repas) en était pervertie : « Lors donc que vous vous réunissez en commun, ce n'est plus le Repas du Seigneur que vous prenez. Dès qu'on est à table, en effet, chacun prend d'abord son propre repas et l'un a faim, tandis que l'autre est ivre » (11,20-21). Paul réagit en rappelant ce que fit Jésus lors de la dernière Cène (v. 23-25). À ce rappel de la tradition, il joint une conclusion personnelle : « Chaque fois en effet que vous mangez ce pain et que vous buvez cette coupe, vous annoncez la mort du Seigneur, jusqu'à ce qu'il vienne » (v. 26). Le Repas du Seigneur est la commémoration, la proclamation de la mort du Seigneur qui a été livré, qui s'est donné « pour vous », qui a fondé « la nouvelle alliance ». Par leur comportement égoïste, les Corinthiens profanent non seulement le corps et le sang du Seigneur (v. 27), mais aussi sa communauté (v. 22b; 29). Ils se rassemblent, mais sont divisés. Ils contredisent l'Église. Ils communient, mais ne vivent pas une « communio » véritable ni avec le Seigneur, ni entre eux. Ils ne prennent pas conscience de la mort, du don de soi du Seigneur et n'y accordent pas leur comportement (voir aussi 8,11-12). Ils consomment son corps, mais ne deviennent pas son « corps » (comparer à 12,12-30). Un tel repas non ecclésial n'est pas sanctifiant ; il signifie un jugement pour les participants.

Comme on le sait, les évangiles synoptiques font mention aussi du récit d'institution. Alors que Paul ne signale les destinataires du don de soi de Jésus (« pour vous ») qu'à propos du pain, cette destination, dans les trois récits d'institution synoptiques, est liée au calice (« qui est versé pour vous et pour la multitude »). Seul Luc fait aussi allusion, d'une façon encore un plus détaillée que Paul, au pain (« qui est donné pour vous »). En outre, Luc enchaîne immédiatement l'appel de Jésus au service mutuel avec le récit de la dernière cène (Lc 22,24-30).

Contrairement à Paul et aux Évangiles synoptiques, le quatrième Évangile n'a pas de récit d'institution. Après le récit de la multiplication des pains, que l'on retrouve aussi dans les autres évangiles, Jean présente un « discours du pain » détaillé, dont la deuxième partie (6,48-58) peut être interprétée dans le sens eucharistique. Il fait comprendre que la communion eucharistique signifie et maintient la relation étroite avec Jésus : « Qui mange ma chair et boit mon sang demeure en moi et moi en lui » (v. 56). Mais la communion n'est pas un événement magique. Manger la chair et boire le sang du « Fils de l'homme », c'est confesser de façon concrète que la Parole s'est faite chair (1,14) pour donner au monde la « vie éternelle », la plénitude de vie, en se livrant jusqu'à la mort. Croire, c'est oser accepter que Jésus, un homme concret, vient de la part de Dieu combler le désir de vivre le plus profond (6,26-47).

En lieu et place du récit de l'institution, le quatrième évangile contient la scène du lavement des pieds (Jn 13,1-17). Cet acte symbolique a lieu aussi « au cours d'un repas » (v. 2), « avant la fête de la Pâque » (v. 1). Dès le début, l'évangéliste situe l'événement dans la perspective de l'amour de Jésus qui va maintenant « jusqu'au bout ». Cela vaut en premier lieu pour le geste « scandaleux » du lavement des pieds qui symbolise l'amour extrême du Maître qui se fait serviteur. Il s'agit d'accepter le choix de Jésus (sinon « tu n'as pas de part avec moi », v. 8) et d'entrer dans la voie de l'humble service (« vous devez faire, vous aussi, comme moi j'ai fait pour vous», v. 15). Comme dans les récits de l'institution de l'eucharistie, le pain et le vin deviennent les symboles du don existentiel de Jésus, le lavement des pieds symbolise et met en œuvre l'amour extrême de Jésus. Avec Paul et Luc, le quatrième évangile accentue le fait que les disciples doivent suivre « l'exemple » du Maître.

Ce dernier accent est plus élaboré dans le long discours d'adieu rapporté uniquement dans le quatrième évangile (13,31–17,26) : « Voici quel est mon commandement : vous aimer les uns les autres comme je vous ai aimés. Nul n'a plus grand amour que celui-ci : donner sa vie pour ses amis » (15,12-13). Vivre de l'amour de Jésus qui se donne est un trait typique de la communauté du Christ. L'image de l'Église dans le discours d'adieu (et dans la première lettre de Jean) est celle d'une communauté d'amour. Pourtant, cette unité d'amour ne mène pas à un renfermement sectaire. Avec l'aide du « Paraclet », « l'Esprit de la vérité », la communauté de Jésus manifestera dans le monde l'amour et l'unité entre le Fils et le Père.

L'Église : communauté de communautés

Paul, Luc et Jean parlent à partir d'expériences d'Églises concrètes. À travers l'histoire, l'Église s'est développée jusqu'à devenir un vaste ensemble supranational. Celui qui regarde aujourd'hui l'Église la définira d'abord comme une communauté avec ses caractéristiques générales religieuses propres. L'Église a effectivement ses écritures saintes, ses rites, ses fonctions, son droit, sa doctrine et son éthique.

Cette approche reste toutefois extérieure. Pour découvrir la spécificité de l'Église, les témoignages néo-testamentaires continuent à nous inspirer. On y comprend que « l'Église » est une communauté de communautés, un groupe de personnes qui veulent et doivent vivre concrètement dans la Nouvelle Alliance, la « communion » avec Dieu et les autres, comme Jésus, entièrement donné.

La vie de Jésus s'est insérée dans la longue histoire de l'Alliance offerte par Dieu à son peuple La réponse insatisfaisante à cette offre répétée a poussé les prophètes à annoncer une nouvelle alliance, définitive et intérieure. Celle-ci devient réalité en Jésus. Il vit totalement donné à Dieu et donné aux hommes. Son style de vie ouvre le cœur de ceux qui se laissent toucher par son Esprit. L'Église qui naît sera la communauté où l'on peut vivre ce lien de la Nouvelle Alliance.

Une communauté d'Église vivante offre un espace pour le développement personnel. Chacun peut s'y sentir chez soi avec ses dons et les déployer au service de tous. Cependant, la construction de notre propre communauté n'est pas le but ultime. La dynamique de la « communio » va plus loin que la communauté visible. Toutes les communautés chrétiennes du monde forment l'unique Église de Dieu. De plus, elles ont chacune et ensemble la tâche de promouvoir dans la société la Nouvelle alliance de Jésus. Vatican II l'exprime clairement: « L'Église est, dans le Christ, en quelque sorte le sacrement, c'est-à-dire à la fois le signe et le moyen de l'union intime avec Dieu et de l'unité de tout le genre humain » (*Lumen Gentium*, 1).

Célébration de la Nouvelle Alliance

Les sacrements sont les signes de l'alliance. Les célébrations de la communauté ecclésiale révèlent et réalisent l'alliance avec le Christ – et par lui avec Dieu et les autres –, principalement l'eucharistie où s'actualise « l'alliance nouvelle et éternelle ».

Chaque eucharistie est reliée au dernier repas que Jésus a pris avec ses disciples, anticipant le don de sa vie dans un acte symbolique et prophétique.

Différents facteurs forment l'arrière-fond du repas d'adieu tout imprégné du climat de la libération pascale. D'abord il faut se rappeler que les prophètes annonçaient la volonté d'alliance de Dieu, non seulement par des paroles, mais aussi par des actes symboliques. En deuxième lieu, la fête juive a toujours une double dimension d'alliance : avec Dieu et avec les autres. En troisième lieu, la Dernière Cène est préparée par les nombreux repas partagés par Jésus et ses contemporains. Ensuite le repas a une grande place dans sa proclamation du Royaume de Dieu. Enfin, chaque repas est un lieu de formation majeure de la communauté. Manger ensemble est humainement un événement de solidarité et de communication. Rien n'est plus approprié pour symboliser le don de soi-même que la nourriture et la boisson. En consommant la même nourriture, en buvant la même boisson, les participants s'unissent les uns aux autres.

Cependant le lien du pain et du vin avec le don de soi de Jésus reste une donnée surprenante et originale. Il semble que Jésus est considéré comme le Serviteur souffrant de Yahweh (Is 53,10-12) qui donne sa vie « pour beaucoup ». Sa mort réalise « la Nouvelle alliance » (Jr 31,31) qui achève l'alliance du Sinaï (Ex 24,8). Le repas de la Nouvelle alliance est tellement important que les disciples, selon Paul et Luc, doivent le perpétuer en mémoire de leur Seigneur.

Célébrer l'eucharistie consiste à commémorer avec reconnaissance le don de soi de Jésus. Selon la méditation du quatrième Évangile, dans ce don se concentrent à la fois tout l'engagement d'amour de Jésus (13,1), l'amour de Dieu pour le monde (3,16) et l'impératif d'amour (13,34 ; 15,12) des disciples.

Eucharistie et Église

Dans un monde sécularisé, l'eucharistie peut apparaître comme un rite et l'Église une institution religieuse de plus. Quelle mission a l'Église au regard du salut du monde et en quoi l'eucharistie est-elle au cœur de la mission ? La question est alors de savoir ce que l'Église apporte au salut, au bonheur profond de l'humanité et pourquoi la célébration de l'eucharistie est essentielle à son identité et à sa mission.

L'Église opte pour la pro-existence (vivre pour autrui) à la suite de Jésus de Nazareth. Sa mission est d'annoncer et de vivre ce type de solidarité totale. Voilà pourquoi la célébration de l'eucharistie est une nécessité pour elle. Pour ne pas oublier sa raison d'être, l'Église doit commémorer le don de soi du Seigneur, à travers les temps, et surtout le Jour du Seigneur. L'eucharistie touche à chaque fois le « cœur » de l'Église ; elle « fait » l'Église, elle la construit.

Mais il y a plus. L'Église commémore le don de soi du Crucifié *ressuscité* (anamnèse), dans la force de son *Esprit* (épiclèse). Toute la célébration de l'eucharistie est commémoration reconnaissante (« *anamnèse* ») de la communauté de l'Église, mais, en même temps, toujours « *épiclèse* », prière à l'Esprit. En effet, à chaque eucharistie, l'Église demande la venue de l'Esprit sur les dons et sur la communauté. L'Esprit de Dieu stimule la communauté dans sa marche vers le Seigneur « jusqu'à ce qu'il vienne ».

Questions et tâches

Les chrétiens se réunissent pour commémorer le Seigneur ressuscité, présent au milieu d'eux par son Esprit. Il fortifie sa communauté à la table de sa parole et de son corps. Cette dynamique communautaire suscite de nombreuses questions pour l'Église d'aujourd'hui.

1. Une communauté d'Église vivante est à la fois condition et fruit de chaque eucharistie. Comment pouvons-nous édifier des communautés concrètes, maintenant que les unités territoriales ne correspondent plus aux « communautés ecclésiales » ?

2. Nos célébrations eucharistiques sont-elles des célébrations communautaires où se vit à la fois l'unité (tous célèbrent) et la diversité (chacun avec ses dons) ?

3. Dans quelle mesure nos célébrations eucharistiques sont-elles « religieuses » et « chrétiennes » ? Le don de soi-même du Crucifié-ressuscité y est-il central ? Notre communauté est-elle fondée dans la « communion » qui est Dieu lui-même, Père, Fils et Saint-Esprit ?

4. Dans quelle mesure nos célébrations eucharistiques sont-elles ecclésiales ? La prière eucharistique proclame la communion de chaque Église locale avec les autres, au sein de l'Église universelle. Les autres Églises et l'Église universelle nous tiennent-elles à cœur ? Dans ce contexte, la fonction du président de l'assemblée est-elle valorisée comme service de la communion, comme lien mutuel et avec toute l'Église ?

5. Sur tout cela se greffe le souci de l'œcuménisme. Le sacrement de l'unité est encore aujourd'hui un signe de division. Selon certaines Églises, l'eucharistie doit être le signe de l'unité effective ; pour d'autres, elle est un stimulant vers l'unité. Les Églises divergent quant à la possibilité et à l'intérêt de l'intercommunion. Elles ont chacune à approfondir leur propre participation au Repas du Seigneur, source de l'agapè et du témoignage.

6. Enfin, dans quelle mesure nos célébrations eucharistiques sont-elles source de la mission ? La mémoire de la pro-existence de Jésus qualifie-t-elle la solidarité de l'Église et de ses membres ? L'Église apparaît-elle comme le « sacrement » d'une alliance libératrice ?

Pain rompu pour un monde plus juste

P. PAS

Jésus s'est rompu lui-même comme un pain pour les plus humbles

Jésus appelle tous les hommes à s'engager les uns vis-à-vis des autres. Toute sa vie, il les a précédés dans cette voie. Et il savait que ses guérisons le jour du sabbat, sa liberté avec les exclus de la société d'alors – lépreux, prostituées, publicains, malades et possédés – lui coûteraient cher. Ce sont surtout les pharisiens qui prirent de mauvaise part ce comportement. C'était inconvenant. Ils ressentaient une telle conduite comme culpabilisante pour eux, quant à leur manière de faire. Et en outre Jésus avait l'insolence de se justifier par des paraboles accusatrices : celle du fils prodigue et celle du pharisien et du publicain. Le fils aîné et le pharisien ne sont qu'une seule et même personne. Ils sont fiers de leur vertu et toisent avec mépris les gens ordinaires et surtout les marginaux.

Cette prédilection de Jésus pour les exclus s'accompagnait de colère et d'indignation notamment contre les pharisiens responsables de leur rejet[1]. Un jour, dans une synagogue, Jésus demande s'il est permis de sauver un homme le jour du sabbat : pas de réponse! Cela le met en colère (Mc 3,5). Tout amour véritable peut engendrer un sentiment de colère, non pas à l'égard de ceux qui attirent sa bonté, mais à l'encontre de ceux qui sont cause de cette misère.

C'est ainsi que Jésus prêchait et vivait la Bonne Nouvelle : c'était dangereux pour lui. Et dès le début. Marc le dit clairement au chapitre 3, alors que Jésus venait d'opérer une guérison un jour de sabbat, et de surcroît dans une synagogue : « Une fois sortis, les Pharisiens tinrent aussitôt conseil avec les Hérodiens sur les moyens de le faire périr » (Mc 3,6).

Jésus sent de plus en plus de résistance. Il sait très bien que, s'il continue de la sorte, il sera exécuté. Mais il ne recule pas d'un pouce, il va résolument de l'avant dans la voie où il est engagé. Il le sait : c'est le chemin que son Père veut qu'il suive. S'il est tué, ce sera de sa part un

---

[1] Cfr R. BURGGRAEVE, *Zin en opdracht van een christelijke arbeidsbeweging vanuit het geloof banaderd*, dans *Collationes*, t. 25, 1995, n° 3, p. 246-250.

choix libre : il aurait pu échapper à cette mort en cessant d'annoncer et de vivre la Bonne Nouvelle. Mais cela, il ne l'a pas voulu. Il a accepté de passer pour un malfaiteur et de mourir, parce qu'il était conscient que son crime consistait à aimer les exclus jusqu'à l'extrême. Il a été rompu pour les autres. Il n'a pas fui cette mort : il a donné sa vie pour les autres. Et tout cela, sans amertume contre les auteurs de sa souffrance, ni réticence dans sa confiance à l'égard de son Père. Émanera-t-il jamais d'un autre homme un appel aussi pressant à s'engager avec ténacité pour les plus faibles ? Non, sans doute, la vie de Jésus restera jusqu'à la fin de l'histoire une incitation intense à militer pour les opprimés.

D'où venaient à Jésus cette prédilection pour les plus pauvres et cette inaltérable fidélité ? Il avait été éduqué dans la foi et la vie pieuse de ses ancêtres juifs. Ses parents lui avaient, sans nul doute, transmis le meilleur de cette tradition. Dieu y était honoré comme un Dieu qui intervenait en faveur des sans-droits et qui faisait retomber sa colère sur ceux qui les opprimaient.

Dans le psaume 82, nous lisons : « Soyez des juges pour le faible et l'orphelin, rendez justice au malheureux et à l'indigent ; libérez le faible et le pauvre, délivrez-les de la main des coupables » (Ps 82,3-4). Tous les grands prophètes de son peuple étaient intervenus en faveur des opprimés.

En outre, Jésus avait eu sa propre expérience de Dieu, profonde, mystérieuse. Il savait avec certitude que Dieu-même avait une prédilection pour les plus pauvres, pour les lésés de la vie. En s'engageant pour les plus indigents de son temps, il était sûr d'accomplir la volonté de son Père.

L'eucharistie engage aussi à prendre soin des pauvres

C'est un fait : Jésus est pain pour le monde. Qui pense à lui dans la foi est conforté dans son appel à un plus grand amour du prochain. Et dans son Église – c'est une grâce – il existe une célébration où l'on peut vivre cette réalité avec force : l'eucharistie. Nous y commémorons la vie de Jésus, son amour sans borne pour les plus pauvres et sa mort héroïque. Sa mort, nous pouvons la célébrer avec reconnaissance puisque Dieu l'a exalté. Nous aussi, les hommes, nous l'exaltons, mais l'exaltation de Dieu, elle, est créatrice. Aujourd'hui, il nous est possible de vivre la venue parmi nous du Seigneur vivant, pain rompu pour la vie du monde.

Même sans eucharistie, Jésus est pain pour le monde. Mais dans la célébration eucharistique, sur le mode sacramentel, Jésus nous fait réaliser avec intensité qu'il a rompu sa vie comme le pain, afin que nous marchions sur ses traces. La célébration eucharistique comporte pour nous, chrétiens, un appel pressant à vivre, là où nous sommes, la bonté de Jésus. La conversion au Christ entraîne déjà cet engagement : quand un adulte se fait baptiser, il promet de suivre Jésus dans sa sollicitude toute particulière à l'égard des pauvres. Bien sûr, le baptême est d'abord et avant tout un don : celui de l'Esprit Saint qui animait Jésus. Le baptisé participe à la bonté de Jésus et à sa confiance illimitée en Dieu et dans la vie. Ainsi, pour celui qui participe à la célébration de l'eucharistie, se renouvelle la mission d'être comme Jésus. Mais ce n'est pas tout. Par une célébration consciente et profondément vécue, il est davantage uni au Seigneur. À chaque fois, le Christ fait grandir en lui son propre désir « utopique » de paix totale entre les hommes et sa bonté comme chemin pour y parvenir.

Le souci des déshérités à travers l'histoire de l'Église

Dès le commencement de l'Église, les disciples de Jésus ont suivi le chemin qu'il avait indiqué. Tout au début, il existait dans l'Église de Jérusalem une communauté de biens : « Nul parmi eux n'était indigent : en effet, ceux qui se trouvaient possesseurs de terrains ou de maisons les vendaient, apportaient le prix des biens qu'ils avaient cédés et le déposaient aux pieds des apôtres. Chacun en recevait une part selon ses besoins » (Ac 4,34-35). Et quand cette communauté de Jérusalem commença à ressentir l'indigence – la fin des temps tardait –, Paul prit l'initiative de récolter, pour ces frères démunis, de l'argent dans les communautés qu'il avait fondées. Il continua d'ailleurs à leur rendre visite. Pour les motiver, il citait l'exemple de Jésus : « Vous connaissez en effet la générosité de notre Seigneur Jésus Christ qui, pour vous, de riche qu'il était, s'est fait pauvre, pour vous enrichir de sa pauvreté » (2 Co 8,9). Paul considérait ce réconfort financier pour ses frères dans le Christ les plus pauvres comme un devoir pour les disciples de Jésus. Et il estimait que c'était un honneur que d'organiser ces collectes.

Ainsi a-t-on progressé de plus en plus : à partir de l'Église – et plus exactement de la célébration eucharistique hebdomadaire – se sont développées systématiquement des œuvres en faveur des plus démunis. Non seulement chaque chrétien personnellement, mais la communauté tout entière s'engageait en faveur des plus indigents à partir de cette célébration centrale. Célébrer l'eucharistie, c'était se conformer à Jésus lui-même pour s'engager chaque jour avec lui et par sa force au service de tous les opprimés. Nous devons reconnaître que déjà en cette période de fondation de l'Église, toutes les communautés locales n'ont pas suivi l'exemple de Jérusalem. C'est ainsi que Paul dut réprimander les chrétiens de Corinthe pour leur manière de célébrer l'eucharistie : tandis que les uns avaient faim, les autres mangeaient abondamment (1 Co 11,27-34). C'est une manière indigne de communier au Pain.

Chaque siècle a vu aussi se lever des saints pour prendre soin des pauvres d'une manière plus particulière. Nous connaissons tous des gens comme Vincent de Paul et Don Bosco, et plus près de nous, le Père Damien, Mère Teresa et beaucoup d'autres. Ce sont de vrais saints, des gens qui – nourris par l'eucharistie – se sont engagés totalement pour les plus pauvres. Damien a même, comme Jésus, donné sa vie pour eux.

Dans nos Églises chrétiennes, c'est devenu une constante : c'est précisément pendant la célébration eucharistique qu'on collecte pour l'un ou l'autre groupe de nécessiteux dans le monde. Chaque chrétien individuellement considère cet engagement pour les pauvres comme un véritable devoir. Ici et dans le monde entier, on fait de nombreux dons à l'intention des plus dépourvus.

Une idée nouvelle : travailler à des structures

Ces derniers temps, une idée nouvelle a percé. Nous avons pris conscience que cette manière de faire n'aide pas à supprimer définitivement la pauvreté dans le monde. Au contraire, nous la faisons plutôt perdurer. Quand bien même un homme richissime donnerait tous ses biens aux pauvres, cela ne ferait pas changer la situation. Il n'y aurait seulement qu'un riche de moins et un pauvre de plus. Dans le passé, cette opinion critique n'existait pas. Pendant combien d'années avons-nous – durant les célébrations eucharistiques – collecté pour l'Université Catholique de Louvain, afin que nos jeunes puissent respirer le bon air frais de l'Évangile ! Ce n'est que plus tard que nous nous sommes rendu compte que les plus démunis donnaient de l'argent afin que les fils des plus nantis puissent étudier et ainsi devenir riches ou le rester.

Cette aide financière sous forme de bienfaisance n'atteignait donc pas son but. Déjà, sous l'influence de Marx, une idée nouvelle a germé : la société existe à partir de différentes couches selon la situation socio-économique des uns et des autres. La couche inférieure est formée des plus pauvres, les riches se situent au-dessus. Les riches restent riches et deviennent plus riches ; les pauvres restent pauvres et le deviennent encore plus. Cette conformité à la loi ne peut être brisée que par le gouvernement :

c'est lui qui dispose de l'argent des impôts et peut sortir les plus pauvres de leur pauvreté. Seul celui qui a le pouvoir peut changer les structures existantes. Si nous voulons améliorer efficacement la situation des indigents, afin que leur pauvreté cesse et qu'ils obtiennent le droit à une vie digne, alors le gouvernement doit prendre les mesures nécessaires. Mais il ne mettra en place des structures équitables que s'il est soumis à la pression de l'opinion publique.

Les syndicats ont assumé cette charge. Quoi qu'il en soit, il importe qu'inlassablement le souci des plus pauvres soit rappelé à l'attention de chaque gouvernement. Nous avons ici une tâche particulière en tant que chrétiens, individuellement et en Église. À l'exemple de Jésus, nous avons encore parfois à exprimer une sainte indignation, notamment parce qu'on laisse les plus pauvres trop souvent exposés au froid. L'extrême pauvreté est destructrice. « L'indignation naît au plus profond de mon cœur... La seule chose qui compte alors, ce sont les victimes qu'on laisse « crever ». Et alors éclate ma colère. Plus tard, une nouvelle colère, quand je vois que l'indignation n'est pas générale... Encore plus tard, l'idée que l'État, la République, les Nations Unies n'assument pas leurs responsabilités! »[2].

Pour beaucoup de catholiques, il y a là une résonance plus politique qu'évangélique. Trop de chrétiens sont prêts à donner quelque chose pour une bonne œuvre, mais ne sont pas du tout d'accord de voir diminuer leur salaire en vue de la solidarité avec les plus démunis. Pourtant, c'est la seule manière de lutter efficacement contre la misère, aussi bien dans nos pays que dans le tiers-monde. Si nous nous contentons de participer à des collectes ponctuelles pour soulager l'une ou l'autre misère, ici ou ailleurs, si nous ne sommes pas prêts à trouver des solutions d'ordre structurel, notre engagement au service des plus indigents est insuffisant, inefficace, éphémère. Nous accomplirions déjà un premier pas si nous reconnaissions que le système fiscal est en soi une bonne chose. Les autorités nous procurent en échange un enseignement gratuit – un universitaire coûte à la communauté 500.000 francs par an –, une aide appréciable dans les soins de santé, un sentiment de sécurité dans le fonctionnement de la justice et de la police ; de bonnes routes, et ainsi de suite. Mais en outre, elles peuvent avec cet argent venir en aide aux besoins des plus nécessiteux. Les pauvres, chez nous, ce sont les nombreux chômeurs, les handicapés, les invalides, etc... Sur cent personnes, on en estime que six vivent en dessous du

---

[2] Abbé PIERRE, *Testament,* Kok, Agora/Averbode, 1995, p. 17-18.

minimum vital. Et nous pourrions même arriver à secourir les plus démunis du tiers-monde. Réalisons que, selon les estimations, il y aurait 1,1 milliard de vrais pauvres dans le monde.

Notre pays devrait s'employer avec zèle à ce que les pays riches remettent une grande partie de leurs dettes aux pays pauvres, alors que pour le moment ils travaillent presque exclusivement pour payer les intérêts allant aux riches (chrétiens?) bailleurs de fonds. Notre pays pourrait de cette manière tenir sa promesse : consacrer 0,7% de son Produit National Brut à l'aide au développement. Nous en sommes encore loin. Soulignons toutefois que c'est par le système en place que notre participation au Corps de la Paix international de l'O.N.U. s'est avérée possible ; les « casques bleus » servent la paix du monde en notre nom.

Pour les impôts que nous payons, nous bénéficions par conséquent de beaucoup de services en retour et ce système permet en même temps de combattre plus efficacement la pauvreté, chez nous et dans les pays pauvres.

Nous sommes partis de Jésus et de l'eucharistie, et nous en sommes arrivés aux impôts. À première vue, l'un n'a rien à voir avec l'autre : impression erronée. J'oserais même dire plus : un chrétien qui essaye d'éviter autant que possible de s'acquitter de ses impôts manque à ses devoirs envers les pauvres. Il ne peut participer de tout son cœur à l'eucharistie, même si dans le cadre où il travaille il donne quelque chose aux mendiants et aux familles nécessiteuses. Comme chrétiens, nous ne sommes pas censés faire de la politique concrète. Cela signifie que nous ne devons pas nécessairement décider comment cet argent doit être dépensé. Pour cela, il y a les politiciens. La politique est devenue très complexe ; on doit tout considérer globalement. On ne peut cependant pas céder à la facilité. En tant que communauté chrétienne, nous avons le devoir d'exiger une certaine priorité pour les plus pauvres, pour ceux qui ne comptent pas dans notre société. Nous ne disons pas comment cela doit être respecté, mais bien que cette priorité doit être respectée.

L'Église peut encore apporter du neuf

Soulignons cependant le souci direct de notre Église pour les pauvres. Nous ne visons pas à établir ici une liste exhaustive de tout ce qui se fait pour les pauvres dans notre communauté ecclésiale. Nous ne mentionnons que quelques initiatives bien connues. Deux organisations importantes existent depuis 25 ans : Welzijnzorg (Campagne de l'Avent) et Broederlijk

Delen (Carême de Partage). Elles réalisent des projets – petits, il est vrai, mais nombreux – ici et dans les pays pauvres. Ces projets combattent la pauvreté efficacement. Ils ont les pauvres pour cible, mais ceux-ci sont eux-mêmes interpellés. Ainsi deviennent-ils plus conscients de leurs possibilités. Citons encore la Commission Conciliaire Œcuménique pour la justice, la paix et le respect de la création, fondée depuis quelques années.

Il existe également beaucoup de bureaux sociaux au sein des paroisses : on peut y obtenir des renseignements quant à ses droits, car beaucoup de gens ont plus de droits que ceux dont ils jouissent en fait. Il y a aussi quelques centres d'accueil chrétiens. Le service de Caritas ainsi que Caritas International sont présents dans tous nos pays. On y travaille de préférence à des projets déterminés. Les missionnaires continuent à s'engager ; des chrétiens laïcs participent à diverses missions.

Il y a en outre les organisations sociales chrétiennes : « Dans leur position sur le terrain, elles remplissent une fonction importante. Elles peuvent avec ceux de leur bord, amplifier des projets à long terme. Elles sont un forum où toute réflexion au sujet d'une société équitable peut se vivre »[3].

Dans la communauté de l'Église, chaque chrétien en vient à se poser la question : « Que signifie pour moi aujourd'hui vivre la sobriété dans un monde où la pauvreté est une réalité incontournable? » Il est certain que le style de vie et l'opinion des gens influencent la société et ses gouvernants.

Conclusion : garder confiance

Nos communautés chrétiennes réalisent toutes sortes d'actions en faveur des pauvres. C'est indispensable, faute de quoi nous ne pouvons pas vraiment participer à l'eucharistie. Notre monde n'est plus celui de Jésus. Tout est devenu beaucoup plus compliqué. Parce que tout est si complexe, si confus, parce que la pauvreté dans le monde ne recule pas, malgré le réel engagement de beaucoup, un certain découragement nous menace. Il est bon que nous puissions nous ressourcer dans l'eucharistie : Jésus ne nous confie pas seulement une mission, mais il nous gratifie aussi d'une participation à son amour et à sa confiance. Certes, nous, chrétiens d'Occident, sommes coupables vis-à-vis des pays pauvres. Au temps de Jésus, il n'en était pas question. Cependant, nous devons nous cramponner

---

[3] *In de wereld, maar niet van de wereld. Een I.B.P.-werkboek over Christenen en Economie*. Bruxelles, Licap, 1995, p. 70.

à son exemple: si nous nous laissons nourrir par lui et saisir par son Esprit, les choses peuvent changer et changeront.

Troisième partie
Le culte eucharistique

Julienne de Cornillon et l'origine de la Fête-Dieu

J.-P. DELVILLE

Il est impossible de comprendre le sens et l'origine de la Fête-Dieu, instituée dans le diocèse de Liège en 1246, sans la replacer d'abord dans le cadre historique qui l'a vue naître. Hors de ce contexte, l'initiative de cette célébration, due à Julienne de Cornillon (1192-1258), relèverait de l'anecdotique et manifesterait simplement l'originalité de cette sainte femme. Or Julienne répondait à une attente des chrétiens de son temps, même si elle en choquait d'autres ; et par sa réponse aux signes des temps, elle réveille encore notre foi aujourd'hui.

DE L'EUCHARISTIE-TALISMAN À L'EUCHARISTIE-PRÉSENCE RÉELLE (9e-12e SIÈCLE)

Avant le 13e siècle[1], l'eucharistie fait l'objet de deux approches contradictoires : une méfiance populaire et une valorisation théologique et spirituelle. Ce double mouvement a peut-être des origines communes : la matérialisation de l'eucharistie dès le 5e siècle. Il est attesté en effet qu'à cette époque, par contagion avec les cultes païens de la nature, l'hostie était souvent perçue comme un talisman que l'on pouvait porter sur soi pour se protéger ou pour communier en cas de danger. Le pape Grégoire le Grand lui-même rapporte sans sourciller le geste de saint Benoît, qui plaça un jour une hostie dans le cercueil d'un moine défunt, pour favoriser son entrée dans la vie éternelle.

Cette perception très matérielle de l'eucharistie va engendrer une réaction : une réflexion théologique tendant à souligner la valeur spirituelle de l'eucharistie. Depuis le 9e siècle, les théologiens insistent de différentes manières sur l'importance de l'eucharistie. Certains, comme Paschase Radbert, précisent ce que signifie la présence réelle du corps du Christ dans le sacrement ; d'autres, comme Christian de Stavelot, développent la

[1] On trouvera une présentation de toute cette problématique et un renvoi aux sources exactes dans l'ouvrage de F. BAIX et Cyrille LAMBOT, *La dévotion à l'eucharistie et le VIIe centenaire de la Fête-Dieu*, Gembloux, Duculot, 1946.

richesse symbolique de la célébration de l'eucharistie. C'est dans la partie wallonne de l'actuelle Belgique, couverte alors en bonne partie par le diocèse de Liège, que se développe de manière particulière une théologie de l'eucharistie. Pour le 10e siècle, il faut citer Rathier de Lobbes, futur évêque de Vérone, et Hériger de Lobbes. Au 11e siècle, Adelman de Liège s'oppose aux hérésies eucharistiques de Bérenger de Tours. Au 12e siècle, Alger de Liège, moine de Cluny, insiste sur la nécessité de la foi au mystère de l'eucharistie, et Rupert de Saint-Laurent, futur abbé de Deutz, souligne la raison d'être de l'eucharistie comme nourriture de la vie nouvelle de l'homme et instrument de sa divinisation. On peut se demander si cette efflorescence théologique n'entraîna pas une pratique religieuse à deux vitesses : la valeur surnaturelle reconnue à l'eucharistie favorise l'enthousiasme des uns, la frayeur ou le scepticisme des autres.

On constate en effet depuis longtemps chez les chrétiens une peur de communier et un doute sur la valeur de l'eucharistie. Le mouvement de méfiance le plus explicite émane des groupes hérétiques, en particulier des cathares. Ceux-ci contestent le rôle de l'Église hiérarchique et veulent une communauté de purs : ils ont donc tendance à dévaloriser les signes matériels tels que les sacrements. L'Église locale se sent menacée par ces courants ; l'institution d'une fête de l'eucharistie se présentera comme une réaction explicite à ce danger. Mais le peuple chrétien lui-même élève des barrières autour de l'eucharistie, il la considère avec une crainte révérentielle ; comme le clergé insiste, sous peine de sacrilège, sur la nécessité d'être en état de grâce pour communier, beaucoup de gens considèrent qu'ils doivent nécessairement se confesser au préalable et cela les empêche de communier régulièrement. Par exemple, sainte Hildegarde de Bingen (1098-1179), tout en assistant à l'eucharistie avec une intensité mystique, ne communiait qu'une fois par mois.

L'ÉVEIL EUCHARISTIQUE DU 13E SIÈCLE

L'éloignement produit par un respect mal placé envers l'eucharistie, commencera à susciter des réactions au 13e siècle. Le concile de Latran IV demande en 1215 aux chrétiens de communier au moins une fois l'an, durant la période pascale. Sous l'impulsion de mouvements spirituels nouveaux, on demande à voir l'hostie, à défaut de communier : le premier témoignage de cette pratique se rencontre dans les statuts synodaux de l'évêque de Paris, Eudes de Sully, promulgués entre 1196 et 1208.

La toile de fond de ce rapprochement est la redécouverte de la personne du Christ, de son humanité, de sa passion et de sa résurrection. La figure de Dieu s'humanise au 13e siècle ; les chrétiens redécouvrent le Jésus des évangiles. Cela se voit très nettement dans l'art de l'époque : le Christ est représenté comme un homme serein, l'homme idéal. François d'Assise (1182-1226) est le témoin par excellence de cette spiritualité évangélique ardente. Cette mise en valeur du Christ est favorisée par les croisades qui mettent le peuple chrétien d'Occident en contact direct avec le pays de Jésus, d'où les croisés ramènent de nombreux souvenirs et de nombreuses reliques plus ou moins authentiques. La plus célèbre relique christologique est rapportée par le roi saint Louis lors de la 4e croisade : il s'agit de la couronne d'épines du Christ, pour laquelle il fera élever un reliquaire aux dimensions d'une église : la Sainte-Chapelle à Paris. Pensons aussi au Saint-Sang rapporté à Bruges par le comte de Flandre. Il faut le rapprocher d'une autre relique, mythique, partout cherchée, jamais découverte, et pour laquelle tout le 13e siècle est en alerte : c'est le calice de la dernière Cène, dans lequel Joseph d'Arimathie aurait recueilli le sang du Christ sur la croix, c'est le Saint-Graal, popularisé par *La quête du Saint-Graal*, composée en milieu cistercien de 1214 à 1227. Mais il existe une relique encore plus fameuse, qu'on peut cependant découvrir sans difficulté : c'est le corps du Christ lui-même, mystérieusement présent dans l'eucharistie. Voilà la conviction qui anime Julienne de Cornillon et qu'elle veut partager. Mettre en valeur l'eucharistie, ce sera donc rencontrer le Christ, spirituellement et corporellement.

L'ACTION DE JULIENNE DE CORNILLON (†1258) EN FAVEUR DE L'EUCHARISTIE

Le biographe de François d'Assise, Thomas de Celano, écrivait que « François aimait la France parce qu'elle aimait le corps du Christ ». Cette curieuse remarque laisse entendre que le souci de l'eucharistie était plus fort en France qu'ailleurs ; on constate en effet que les principaux artisans de l'institution de la fête de l'eucharistie à Liège font partie du milieu français. Celui-ci favorise une redécouverte et une réappropriation de l'eucharistie par le peuple chrétien. Il ne s'agit pas d'un courant théologique, mais d'une initiative concrète prise essentiellement par des femmes et soutenue par les nouveaux mouvements religieux, cisterciens, dominicains et franciscains.

Rien apparemment ne prédestinait Julienne[2] à intervenir dans ce courant spirituel. Elle était née à Retinne, près de Liège, vers 1192. Devenue rapidement orpheline, elle avait été placée à l'hospice de Cornillon, aux portes de la ville. Elle y bénéficia d'une éducation soignée : son biographe rapporte qu'elle lut toute la Bible en latin et en français. Elle participa avec intensité à la vie de la communauté religieuse d'hommes et de femmes qui soignaient les malades. Toute jeune, elle manifestait un grand amour de l'eucharistie, elle désirait y participer et y communier le plus souvent possible. Pendant vingt ans, une vision insistante se manifesta à elle : elle voyait constamment une pleine lune à laquelle il manquait une fraction. On peut y reconnaître le symbole de l'hostie, au moment de la fraction du pain. Mais, à force de prières, Julienne y découvrit le symbole de l'Église, à laquelle il manquait une fête, en l'honneur du corps et du sang du Christ. Julienne fut soutenue dans cette conviction par son amie Ève, recluse à Saint-Martin, qui la mit en contact avec Jean de Lausanne, chanoine de cette même église. Grâce à lui, elle put rencontrer les dominicains de Liège et leur provincial, le théologien Hugues de Saint-Cher, futur cardinal et légat du pape, ainsi que Guiard de Laon, évêque de Cambrai, et Jacques Pantaléon de Troyes, archidiacre de Hainaut, qui deviendra pape sous le nom d'Urbain IV. Après 1240, Julienne entra aussi en contact avec Robert de Thourotte, le nouvel évêque de Liège, qui accueillit avec intérêt son initiative. Pour promouvoir celle-ci, Julienne composa avec le clerc de Cornillon un office liturgique complet, comprenant en particulier les textes et les chants pour matines, laudes, vêpres et l'eucharistie[3]. Mais l'activité

[2] La vie de Julienne de Cornillon a été rédigée peu après sa mort sur base de témoignages directs, ce qui lui donne un grand intérêt historique et un bon degré de fiabilité par rapport aux événements racontés. Elle est publiée dans les *Acta sanctorum*, *Aprilis*, 1, Anvers, 1675, p. 437-477, et dans *Fête-Dieu (1246-1996), 2. Vie de sainte Julienne de Cornillon*, édition critique et traduction par Jean-Pierre DELVILLE, Louvain-la-Neuve, Université catholique de Louvain, Publications de l'Institut d'études médiévales, 1999. On trouvera une bibliographie mise à jour et un résumé substantiel de la vie de sainte Julienne dans *Fête-Dieu (1246-1996), 1. Actes du Colloque de Liège, 12-14 septembre 1996*, éd. par André HAQUIN, *ibid.* La description des manuscrits subsistants se trouve dans Cyrille LAMBOT, *Un précieux manuscrit de la vie de sainte Julienne du Mont-Cornillon*, dans *Revue bénédictine*, t. 79, 1969, p. 304-315. Cf. aussi Jean COTTIAUX, *Julienne de Cornillon*, Liège, Carmel de Cornillon, 1993.

[3] Il a été retrouvé et publié par Cyrille LAMBOT, *L'office de la Fête-Dieu. Aperçus nouveaux sur ses origines*, dans *Revue bénédictine*, t. 54, 1942, p. 61-

religieuse de Julienne suscita beaucoup d'opposition. Nommée prieure de sa communauté, elle irrita une partie des religieuses parce qu'elle rendit la discipline plus sévère et voulut imposer une règle de vie, celle de saint Augustin. Elle irrita aussi les bourgeois de Liège, parce qu'elle revendiquait le contrôle des finances de l'hospice et voulait le soustraire au contrôle de la ville ; on la soupçonnait ainsi de vouloir détourner les biens publics destinés aux malades au profit de son objectif religieux. Enfin, elle indisposa les chanoines et une partie du clergé, parce qu'elle voulait imposer une fête supplémentaire au calendrier liturgique déjà chargé et qu'elle critiquait indirectement leur négligence au sujet de l'eucharistie.

L'INSTITUTION DE LA FÊTE DU S. SACREMENT PAR ROBERT DE THOUROTTE (1246)

Malgré les oppositions, l'évêque institua en 1246 la fête du Corps du Christ par un document destiné à être publié lors du synode diocésain annuel. Le texte en a été conservé[4]. Il commence par définir les dimensions essentielles de l'eucharistie :

> Parmi les nombreuses merveilles que le Seigneur (...) a opérées, il n'en est point de plus digne d'admiration que celle où il se donne en nourriture à ceux qui le craignent. C'est le Sacrement ineffable de son corps sacré qu'il nous a laissé comme un mémorial précieux, afin qu'il soit toujours présent à notre esprit et suave à notre cœur.

Il considère que l'institution d'une fête du Saint Sacrement se justifie, par rapport aux messes quotidiennes :

> Nous voyons l'Église assigner aux saints qu'elle invoque journellement dans les litanies, les messes et les oraisons, une fête à certain jour de l'année ; n'est-il donc pas très juste que le Saint des Saints ait sur la terre une solennité consacrée à lui rendre de spéciales actions de grâces?

Ces aspects mettent en valeur la personne du Christ, le don de soi qu'il opère par l'eucharistie et sa présence perpétuelle auprès de nous, dont le

---

123 ; Cyrille LAMBOT et Irénée FRANSEN, *L'office de la Fête-Dieu primitive : textes et mélodies retrouvés*, Maredsous, 1946. Cf. aussi Jean COTTIAUX, *L'office liégeois de la Fête-Dieu. Sa valeur et son destin*, Louvain-Liège, 1963 (aussi dans *Revue d'histoire ecclésiastique*, t. 58, 1963, p. 5-81, 405-459).

[4] Il est publié en latin et en français par J.-P. DELVILLE, *op. cit.*, p. 150-155.

sacrement est le mémorial. Dans cette optique, les fidèles seront invités à célébrer le jeudi après l'octave de la Trinité comme un dimanche.

> Ils s'y prépareront par la prière, l'aumône et autres bonnes œuvres, afin de se rendre dignes de participer aux saints mystères. Toutefois, nous ne faisons pas de cette communion un acte d'obligation, mais simplement de conseil.

D'autre part, la fête se situe aussi dans un climat dramatique de tension ecclésiale ; elle est instituée

> ...pour confondre la perversité des hérétiques (...), pour suppléer aux manquements, irrévérences et omissions que l'on commet journellement, par imprudence et manque de zèle, dans la célébration de cet adorable mystère (...). Nous espérons qu'en vue de cette fête, Dieu et Jésus-Christ son Fils se laisseront fléchir par les sacrifices d'expiation et qu'ils daigneront ouvrir les trésors de leur clémence au monde entier menacé d'un prochain naufrage.

Ce côté tragique de la fête rappelle le climat tourmenté de ce 13e siècle et la lutte que représente pour Julienne l'établissement de cette fête. Peu après sa promulgation, l'évêque tombe malade. De passage à Fosses, il sent sa fin prochaine et fait célébrer la fête en sa présence avant de mourir (16 octobre 1246). C'est alors que les tribulations commencent pour Julienne. Le nouvel évêque, Henri de Gueldre, a d'autres ambitions. Soucieux de succès militaires et de pouvoir politique, il évitera de recevoir la consécration épiscopale et sera même révoqué plus tard par le pape pour ses malversations. Ses besoins d'argent le poussent à entrer dans les bonnes grâces des bourgeois de Liège. Il les soutient dans leur différend avec la prieure de Cornillon, laisse piller l'oratoire de Julienne et introduit un nouveau prieur à sa solde. Julienne prend la route de l'exil ; elle errera en nomade jusqu'à la fin de sa vie, accueillie successivement par différentes communautés amies. Cet itinéraire nous trace aussi le réseau de solidarité de Julienne : elle est reçue d'abord par des monastères de cisterciennes : Robermont, Val-Benoît, Val-Notre-Dame d'Antheit ; puis par des béguines de Namur, puis à l'abbaye de Salzinnes, puis dans une recluserie de Fosses, où elle mourra en 1258. Elle sera enterrée à l'abbaye des cisterciens de Villers-la-Ville, qui la vénéreront comme une sainte.

EXTENSION DE LA FÊTE PAR HUGUES DE ST-CHER (1252) ET URBAIN IV (1264)

Malgré l'absence de Julienne, les choses bougent à Liège. Ève, la recluse de la collégiale Saint-Martin, a pris le relais. Son église semble en effet avoir adopté la nouvelle célébration, alors que partout ailleurs, l'édit de l'évêque était resté lettre morte. C'est là aussi qu'en 1251, Hugues de Saint-Cher, arrivé à Liège comme légat du pape, célèbre solennellement la fête. En 1252, il l'étend à tout le territoire de sa légation, qui couvre l'Empire germanique, par un mandement dont le texte original a été conservé[5]. Il s'inspire du texte de Robert de Thourotte, mais situe la théologie de l'eucharistie dans le cadre de la destinée de l'homme. Évoquant la différence qui existe entre les mérites humains et les bienfaits de Dieu, il note :

> Nous trouvons entre eux une différence plus grande qu'entre la goutte de rosée et l'océan (...). Mais l'homme créé de la boue, Dieu l'a fait concitoyen des Anges, prenant lui-même la forme de l'esclave et unissant la chair à la divinité. Pour la rédemption de l'homme, (...) il versa le prix inestimable de son sang (...).

L'eucharistie est le signe suprême et la marque de cet amour :

> Il nous a laissé son corps même sous le suaire très pur du Sacrement (...). Il voulait qu'en mangeant son corps, nous ayons un souvenir permanent de sa Passion (...) jusqu'à ce que nous ayons grandi à la taille de l'homme parfait (...), mangeant la moëlle du froment et buvant le vin pur à sa table dans son royaume. Ces biens nous sont proposés (...) sous l'écorce, pour ainsi dire, du Sacrement, sous la paille de la lettre et sous le voile de la foi.

Hugues de Saint-Cher introduit ainsi l'aspect salvifique de l'eucharistie et souligne le rôle du sang du Christ. Il précise le rapport de la fête avec celle de la Cène du Seigneur,

> ... où notre Mère la Sainte Église s'occupe plus généralement du lavement des pieds et de la mémoire de la passion du Seigneur.

Les choses se précipiteront lorsqu'en 1261, l'ancien archidiacre de Hainaut, Jacques de Troyes, est élu pape sous le nom d'Urbain IV. Sollicité, peut-être par le cardinal Hugues de Saint-Cher et par Ève de

---

[5] *Ibid.*, p. 160-165. L'original est conservé aujourd'hui dans le trésor de la cathédrale de Liège.

Saint-Martin, il décide d'étendre la fête à l'Église universelle (8 septembre 1264). Il fut très vraisemblablement stimulé par le miracle de Bolsena, où un corporal fut taché par le sang du Christ, coulant de l'hostie consacrée. Le précieux linge fut rapidement transféré à Orvieto, où la superbe cathédrale lui servit rapidement de reliquaire. Ainsi la convergence entre le mouvement parti de Liège et la sensibilité italienne amena le pape à étendre à l'Église universelle la solennité du corps et du sang du Christ. Il précise dans la bulle[6] *Transiturus*, qui institue la fête :

> Lorsque nous étions autrefois constitué en moindre dignité, nous avons compris – chose qui avait été révélée par une inspiration divine à quelques catholiques – qu'une fête de ce genre serait célébrée dans l'Église universelle.

Il rappelait ainsi l'expérience liégeoise et les visions de Julienne. La bulle nomme la fête : « Sacrement du corps et du sang du Christ ». Elle développe une théologie plus systématique de l'eucharistie, en partant de la dernière Cène et du don que le Christ fait de son corps et de son sang, en nourriture et en breuvage. Elle insiste sur la « présence corporelle du Sauveur lui-même », qui y est « présent en substance avec nous ». Elle introduit une comparaison saisissante, développée autrefois par Rupert de Deutz :

> L'homme est tombé par la nourriture de l'arbre empoisonné, l'homme a été relevé par la nourriture de l'arbre de vie. Là était suspendu l'appât de la mort, ici était suspendu l'aliment de la vie.

Adoptant ensuite l'argumentation de Robert de Thourotte et de Hugues de Saint-Cher, elle insiste plus nettement sur la préparation des fidèles à la fête,

> ...de façon qu'ils méritent en ce jour, d'être participants de ce précieux sacrement et qu'ils puissent le recevoir avec respect et, par sa vertu, obtenir un accroissement de grâces.

Le pape demanda à saint Thomas d'Aquin de composer un nouvel office pour la solennité du Saint-Sacrement ; celui-ci s'imposera progressivement à l'Église universelle, avec ses chants bien connus du *Lauda Sion* et du *Pange lingua*, qui se conclut par la strophe *Tantum ergo*.

---

[6] F. BAIX et L. LAMBOT, *La dévotion à l'eucharistie, op. cit.*, p. 130-136.

UNE RÉALISATION DE LA SPIRITUALITÉ FÉMININE

Le discours officiel qui accompagne la promulgation de la fête ne reflète cependant qu'une partie de la réalité. Il est un autre discours, féminin celui-là, qui sous-tend la fête et parle par elle, plus que sur elle. Ce discours affleure dans le document pontifical, lorsque le pape rappelle l'inspiration de quelques catholiques qui est à l'origine de la fête. Il est plus saillant dans la lettre qu'Urbain IV envoie à Ève de Saint-Martin[7] le 8 septembre 1264 pour lui faire part de l'extension universelle de la fête et lui faire parvenir un exemplaire du nouvel office liturgique. Cette lettre constitue un événement en soi, car il semble bien que ce soit le seul document public qu'un pape ait envoyé à une femme dépourvue de charge officielle au Moyen Âge. Il évoque le rôle joué par Ève :

> Nous savons, ô fille, que votre âme a désiré d'un grand désir qu'une fête solennelle du Très Saint Corps de Notre Seigneur Jésus-Christ fût instituée dans l'Église de Dieu (...). Réjouissez-vous parce que le Dieu tout-puissant vous a accordé le désir de votre cœur et que la plénitude de la grâce céleste ne vous a point frustrée de la volonté que vos lèvres avaient exprimée.

C'est en effet une perception féminine de l'eucharistie qui a suscité la fête du Saint Sacrement. À la lecture de la vie de Julienne, on se rend compte que celle-ci évolue dans un monde féminin aux formes multiples : béguines, recluses, épouses, religieuses cisterciennes, religieuses hospitalières, abbesses, comtesses... La spiritualité de Julienne ne peut se comprendre en dehors de ce réseau de relations. Parmi les compagnes de Julienne, on peut citer Isabelle de Huy et Ève de Saint-Martin ; mais il faudrait ajouter ses contemporaines, qui participent du même esprit : les saintes Marie d'Oignies (†1213), Christine de Saint-Trond (†1224), Ivette de Huy (†1228), Ide de Nivelles (†1231), Lutgarde de Tongres (†1246), Marguerite de La Ramée (†avant 1250), etc. Tels sont les noms les plus connus de ces « mulieres religiosae », ces femmes religieuses, pour lesquelles Marie d'Oignies priait sur son lit de mort[8].

On pourrait relever quatre traits spécifiques de cette sensibilité féminine en rapport avec l'eucharistie : celle-ci est perçue comme lieu de rencontre privilégié avec le Christ : recevoir le corps du Christ entraîne pour la femme un certain détachement de son corps ; la femme désire se nourrir du corps du Christ, elle se détache de la nourriture matérielle ; elle se détache

[7] *Ibid.*, p. 136-138.
[8] *Ibid.*, p. 74.

du travail pour se consacrer à la vie sacramentelle et spirituelle, d'où jaillissent visions et paroles prophétiques ; elle acquiert une place nouvelle dans l'Église par l'exercice de la charité et l'influence qu'elle exerce sur la liturgie. Chacun de ces points va de pair avec une prise de distance par rapport à la condition traditionnelle de la femme dans la société. Illustrons chacun de ces points par des exemples caractéristiques extraits de la vie de Julienne.

LE DÉTACHEMENT DU CORPS POUR L'AMOUR DU CHRIST

Le choix pour l'amour du corps du Christ s'accompagne d'un détachement du corps de la femme, manifesté par les mortifications et les pénitences (cilices, flagellation). Julienne peut ainsi mieux se concentrer sur le Christ et le suivre durant toute l'année liturgique ; elle l'accompagne spirituellement en berçant l'enfant Jésus nouveau-né à Noël, en souffrant avec lui sa passion, en tombant en pâmoison à son Ascension[9]. Elle atteint à une véritable mystique de la jouissance, comme l'atteste ce passage[10]:

> Un jour, Julienne était couchée dans le dortoir de la maison et brûlait admirablement de l'amour divin ; elle pouvait dire à tous les spirituels ce passage du Cantique des Cantiques [5,8] : « Je vous adjure, filles de Jérusalem, si vous trouvez mon bien-aimé, annoncez-lui que je languis d'amour ». Elle n'était couchée au lit qu'en raison d'une langueur d'amour divin, mais les sœurs de la maison croyaient qu'elle était atteinte de maladie corporelle.

LE DÉTACHEMENT DE LA NOURITURE POUR LE PAIN EUCHARISTIQUE

La nourriture est un des domaines habituellement réservés à la femme. Les « femmes religieuses » y renoncent le plus possible. Julienne jeûne ainsi énormément, au point de tomber souvent en syncope[11] :

> J'ajouterai encore que venant une fois en visite chez une amie à elle, elle apporta avec elle son propre repas. Elle apporta avec elle en effet je ne sais combien de petits pois, mais si peu que vous ne les jugeriez pas suffisants pour nourrir un pigeonneau pour un seul repas ; on les lui amena, à l'heure

[9] *Vita beatae Julianae*, livre I, §18 et sv.
[10] *Ibid.*, I, 26.
[11] *Ibid.*, I, 15.

du repas, cuits à l'eau, comme elle l'avait demandé : tel était son festin lors d'un saint repas, telles furent ses délices.

Mais c'est pour se concentrer sur la nourriture spirituelle qu'est la communion[12] :

> Lorsqu'elle recevait le très saint Corps du Christ, son seul amour et son seul élu (...) alors elle était remplie d'une si grande et abondante rosée de grâce et onction de dévotion que son âme fondait comme cire au feu et que son esprit défaillait en elle-même (...). Elle voulait rester en silence au moins pendant une semaine, supportant très difficilement, ces jours-là, la visite de qui que ce soit, si ce n'est pour une grande nécessité ou pour une urgence (...). Elle disait elle-même souvent aux sœurs qui lui servaient la nourriture qu'elles ne devraient absolument pas lui servir de nourriture corporelle pendant tout un mois.

Le désir de se nourrir de l'hostie se retrouve chez toutes les femmes religieuses, en particulier chez Marie d'Oignies. Le vin consacré est aussi honoré grandement ; Julienne communie au Saint Sang d'après la vision d'une femme[13]. Grâce à ce vécu intense de l'eucharistie, la femme acquérait une autorité dans un domaine particulièrement réservé aux prêtres.

Remarquons que cette mystique de l'eucharistie va de pair avec un désir de voir l'hostie. Julienne pratiquait-elle pour autant l'adoration du Saint Sacrement ? On ne le relève pas dans la biographie. Au contraire, on la voit même refuser de se faire apporter le Saint Sacrement à son lit de mort[14]. « Ce n'est pas nécessaire, dit-elle, de voir en cette vie celui que je vais contempler dans la vie éternelle ». La vision est donc subordonnée à la rencontre réelle. Par contre, on voit Julienne sensible au fait qu'une église possède ou non la sainte réserve[15]. Cette sensibilité suppose une vénération de l'eucharistie en-dehors de la messe. Mais ce qui l'animait avant tout, c'était le désir de la communion et la joie de la recevoir.

---

[12] *Ibid.*, I, 12.

[13] *Ibid.*, II, 54. À Liège, on continuera à communier au vin consacré, aux grandes fêtes, jusqu'à la fin du 16e siècle.

[14] *Ibid.*, II, 44.

[15] *Ibid.*, I, 22.

LE DÉTACHEMENT DU TRAVAIL POUR L'EXTASE ET LA PAROLE PROPHÉTIQUE

Progressivement, les « femmes religieuses » abandonnent le travail manuel. C'est caractéristique chez Julienne, qui travaillait beaucoup durant sa jeunesse à la ferme de la Boverie ; puis, épuisée, dut s'abstenir de travailler[16]:

> C'est ainsi que Julienne, encore jeune pourtant, tomba dans une grande faiblesse corporelle ; elle devait traîner celle-ci toute sa vie et c'est donc cette maladie qui l'obligea à s'abstenir de travaux corporels (...). Que dire en effet, s'il plut à Dieu de la retirer entièrement des travaux extérieurs pour qu'elle soit entièrement dédiée aux actes intérieurs et attachée plus largement à lui.

Par cette renonciation, Julienne est sujette aux visions, qui lui révèlent des secrets. Ceci donne au discours de la visionnaire un poids tout particulier, une autorité recherchée[17]:

> Chaque fois qu'elle recevait le Corps du Christ (...), il lui révélait un nouveau secret de ses arcanes célestes. Ces secrets, elle les cachait, avec une humilité si indiscrète (si l'on peut dire) qu'elle pouvait, semble-t-il, s'exclamer à juste titre avec le prophète : « Mon secret est à moi, mon secret est à moi ! » [Isaïe 24, 16]

La parole à laquelle la femme n'a guère droit dans l'Église fleurit avec autorité sur la bouche des « femmes religieuses » grâce à leurs visions. Elle est même plus fiable que celle des hommes[18]:

> Enseignée par celui qui enseigne la science à l'homme [Ps 93,10], elle fut si pleinement instruite sur tous les articles qui touchent à la foi catholique, qu'elle ne devait consulter à ce propos ni les docteurs ni les Écritures. Ainsi instruite par l'onction, elle avait reçu un fondement si inébranlable de la foi orthodoxe, qu'elle disait quelquefois que, quoi qu'il puisse advenir, elle ne pourrait dévier de la rectitude de sa propre foi, même si des pièges de quelque hérésie étaient jetés devant elle.

Ses visions sont en lien direct avec le ciel et prévoient souvent la mort d'amis ou de connaissances, véritable don de prophétie[19]. Mais en même temps, son zèle la fait passer pour une folle.

---

[16] *Ibid.*, I, 14.
[17] *Ibid.*, I, 12.
[18] *Ibid.*, I, 20.
[19] *Ibid.*, I, 26 et 21.

LE DÉTACHEMENT D'UN RÔLE EFFACÉ POUR UNE AUTORITÉ NOUVELLE

Tout en sauvegardant avec beaucoup de soin leur humilité, les femmes religieuses veulent jouer un rôle dans l'Église[20] :

> (Le Christ), « lui qui avait choisi les faibles de ce monde pour confondre les puissants » [1 Co 1,27] choisit étonnamment l'humble Julienne pour réaliser cette tâche en lui montrant un signe à l'avance et en lui révélant son sens. Celle-ci priait instamment en présence du Seigneur pour qu'une chose aussi ardue et sublime soit confiée à une autre personne, qui par son autorité aurait pu mener à bien cette affaire rapidement et à la perfection ; mais elle reçut comme réponse qu'il fallait qu'elle commence cela de toute façon et que cela serait mené à bien par des personnes humbles.

Julienne exerce aussi une mission de guidance spirituelle, de clairvoyance et de compassion avec ceux qui ont des problèmes de maladies[21]. Elle dirige spirituellement Ève[22]; mais elle s'occupe de beaucoup de gens et reçoit de nombreuses confidences[23]:

> Une terrible dépression avait accablé l'esprit d'une béguine et l'amenait à être épuisée par des bonnes œuvres qu'elle avait l'habitude de faire. Toutes choses l'ennuyaient et elle était à elle-même une véritable charge. Cette personne vint trouver la Servante du Christ, Julienne, et lui expliqua sa pauvre situation qui accablait fortement son esprit. Mais la vierge du Christ prit part à sa peine et elle pria le Seigneur pour qu'il la délivre de son affliction tant corporelle que mentale. Grâce à sa prière, elle ne fut pas longtemps déçue, mais elle obtint ce qu'elle demandait.

Cette autorité morale donne du crédit à une mission plus officielle : celle de promouvoir une fête de l'eucharistie dans l'Église. Julienne va employer toute sa vie à cette tâche, qui l'investit dans un rôle de réformatrice de l'Église. Déjà Marie d'Oignies aurait eu cette intuition : son biographe et confident, Jacques de Vitry, qui écrit vers 1226-1229, révèle que « les voix des anges révélèrent à Marie la promesse d'une nouvelle solemnité ».

Par l'eucharistie, Julienne acquiert donc une mission de restaurer l'Église, qui souffre de la richesse du clergé et de son ambition : les mots sont mesurés, mais parfois la passion déborde sous la plume du

---

[20] *Ibid.*, I, 13.

[21] *Ibid.*, I, 21 à 25.

[22] *Ibid.*, I, 30.

[23] *Ibid.*, I, 36.

biographe[24]. Et l'idéal serait que la femme ait un rôle prépondérant dans l'Église. Le moment n'est peut-être pas encore venu ; mais en rêve, il est représenté de manière éloquente par la vision d'une femme, qui conclut la biographie de Julienne ; elle voit Julienne au ciel servir la messe du Christ et participer pleinement au sacerdoce et à ses rites[25] :

> Et voici qu'elle vit le Seigneur Jésus qui célébrait la messe avec beaucoup de révérence ; et sa servante Julienne le servait de ses mains virginales. La femme ainsi ravie vit même que Julienne montait à l'autel ; et le souverain prêtre, assisté par sa vierge, lui faisait boire une boisson dans un calice excellent et merveilleux !

LES EFFETS PRODUITS PAR L'INSTAURATION DE LA FÊTE DU SAINT-SACREMENT

Il est important de distinguer ce qui relève de l'histoire de l'institution de la Fête du Saint-Sacrement et les effets que cette initiative produira par la suite. Ceux-ci sont parfois plus connus que la cause qui les a engendrés ; mais il faut éviter de vouloir les retrouver à tout prix dans l'événement fondateur. Cela ne diminue pas leur validité, mais fait comprendre qu'ils relèvent de circonstances nouvelles.

Relevons deux éléments de la fête qui se développeront après la mort de Julienne. Le premier est la vénération visuelle de l'eucharistie, qui prendra le nom d'adoration du Saint-Sacrement. En 1226, Jacques de Vitry écrit au sujet de Marie d'Oignies (†1213) : « un jour, en adoration, elle vit autour de la pyxide qui renfermait la sainte réserve, le fils de la Vierge sous l'aspect d'un enfant tout resplendissant »[26]. Cet épisode manifeste l'existence d'une prière d'adoration en présence du Saint-Sacrement dès le début du 13e siècle. Deuxième point de repère : la première miniature du plus ancien manuscrit de la *Vita* de sainte Julienne, daté de 1280 environ, la représente à genoux en prière devant le calice exposé sur l'autel. Dans le même ordre d'idée, la *Vita* de Marie d'Oignies dit que celle-ci demandait qu'après l'eucharistie, « elle puisse au moins contempler le calice vide sur l'autel ». Troisième point de repère : le premier ostensoir connu appartenait aux religieuses d'Herckenrode et peut être daté des années 1280 environ.

---

[24] *Ibid.*, II,10, 27 sv., 35.

[25] *Ibid.*, II, 54.

[26] F. BAIX et C. LAMBOT, *La dévotion à l'eucharistie*, *op. cit.*, p. 73.

On peut donc tirer un fil ténu qui va de la vie de Marie d'Oignies jusqu'à la fin du 13ᵉ siècle, pour témoigner de l'existence d'une contemplation de l'eucharistie ; cependant, il faut noter que la fête du Corps et du Sang du Christ ne privilégie pas cet aspect, mais invite plutôt à la rencontre directe du Christ dans la communion. L'élément accessoire de la visualisation prendra une place plus centrale à cause du succès des processions.

Ceci est l'autre élément à souligner. Aucune trace n'en apparaît dans la vie de Julienne. Les plus anciennes processions du Saint-Sacrement connues[27] sont celles de Sens en 1320, de Tournai en 1323 et de Huy en 1324. Elles manifestent une adaptation sociale de l'intuition initiale. Une mutation se manifeste : la dimension visuelle et communautaire de la présence eucharistique du Christ dans la vie chrétienne prend le pas sur la rencontre personnelle du Christ dans la communion. La mise en valeur de l'eucharistie prend un chemin inattendu : elle devient facteur de cohésion sociale, alors qu'à l'époque de Julienne, elle apparaissait plutôt comme un facteur de contestation sociale. Certains ont même émis l'hypothèse que le culte eucharistique serait à l'origine des corporations : ce serait pour participer en groupe à la procession et porter un cierge du Saint-Sacrement que les artisans se seraient donné des chefs[28]. À partir du 16ᵉ siècle, elle deviendra aussi un facteur de cohésion ecclésiale par opposition aux protestants ; on retrouvait ainsi, par des moyens nouveaux, un objectif envisagé dès le 13ᵉ siècle, la lutte contre l'hérésie. On constate donc que chaque époque réinterprète à sa manière l'événement fondateur et en dégage des potentialités insoupçonnées .

CONCLUSION

Nous avons voulu dans cette étude dégager l'originalité de l'initiative lancée par Julienne de Cornillon et la situer dans le cadre de son époque. On a vu combien sa sensibilité féminine a été le moteur de son action et entraînait toute l'Église sur la voie d'une perception plus intérieure, plus christologique de l'eucharistie. On a vu aussi les résistances qu'elle a dû affronter dans la société et dans l'Église.

D'autre part, on a évoqué les mutations que cette initiative a subies au cours des âges et les réinterprétations dont elle a fait l'objet. On peut

---

[27] *Ibid.*, p. 87.

[28] *Ibid.*, p. 87, selon G. ESPINAS, *Les origines de l'association*, t. I, Lille, 1942, p. 1030-1031.

espérer dès lors être stimulé aujourd'hui par l'esprit prophétique de Julienne et par les voies nouvelles que les chrétiens lui ont fait emprunter pour découvrir à notre tour les potentialités qui sont requises par notre temps.

L'adoration eucharistique*

J.-M. HENNAUX

L'adoration eucharistique connaît aujourd'hui, grâce surtout aux mouvements du Renouveau spirituel, un regain de ferveur. En même temps, des chrétiens s'interrogent sur le bien-fondé de cette pratique. Nous voudrions, dans les pages qui suivent, reprendre la question, chercher les fondements de l'adoration eucharistique et en faire percevoir la signification théologique. Nous nous appuierons principalement pour cela sur quelques textes du Nouveau Testament[1].

L'idée que nous voudrions développer est la suivante : pour garder tout son sens, l'adoration de l'eucharistie ne peut être détachée de la messe, où l'acte eucharistique de Jésus à la Cène est commémoré et re-présenté (au sens le plus fort). Réciproquement, faire mémoire de ce que Jésus a accompli à la Cène (cf. Lc 22,19 et 1 Co 11,24-25) conduit à l'adoration de sa présence réelle et définitive au milieu de nous et dans notre univers, au-delà même du moment de la célébration liturgique de la messe.

Lorsque l'Église parle de la « présence *réelle* » du Christ dans l'eucharistie, elle n'entend pas seulement affirmer que le Christ est *réellement* présent sous les espèces du pain et du vin. Elle veut encore exprimer que la présence sacramentelle du Seigneur dans le pain et le vin est le signe de sa présence *définitive* – ou *eschatologique*[2] – dans notre

---

* Cet article a paru dans la *Nouvelle revue théologique*, t. 123, 2001, p. 574-582.

[1] Comme on le sait, l'exposition du Saint-Sacrement et la contemplation de l'hostie se sont développées, dans la dévotion de l'Église, à l'époque médiévale. L'ouvrage classique à ce sujet reste celui de E. DUMOUTET, *Le désir de voir l'hostie et les origines de la dévotion au Saint Sacrement*, Paris, Beauchesne, 1926. Nous ne ferons pas ici l'histoire de l'adoration eucharistique. On peut consulter à ce propos l'article «Eucharistie» du *Dictionnaire de Spiritualité*, chapitre III: «Dévotion eucharistique» (vol. IV, col. 1621-1648). On trouvera là une description des principales formes de l'adoration eucharistique depuis la période patristique jusqu'à nos jours et une étude des interventions du Magistère la concernant.

[2] Le mot « eschatologique », on s'en souvient, provient du grec *ta eschata*: les choses dernières, définitives, ultimes.

histoire. « Présence réelle » et « présence eschatologique » du Christ sont deux expressions pratiquement équivalentes. La présence eschatologique du Seigneur a deux aspects : 1) par son incarnation, sa mort et sa résurrection, le Fils de Dieu s'est rendu présent d'une manière définitive, irrévocable, à notre univers (personnes et univers matériel) ; dans le Christ, l'histoire a *déjà* et *pour toujours* atteint son accomplissement, les « temps derniers » annoncés par les prophètes ont été inaugurés ; 2) cependant, cet accomplissement obtenu dans le Christ et par le Christ n'a *pas encore* produit tous ses effets.

C'est le rapport entre ces deux dimensions de la présence réelle ou eschatologique du Christ qui fait que notre dévotion eucharistique a nécessairement, elle aussi, deux expressions complémentaires : la célébration de la messe et l'adoration eucharistique hors de la messe. Nous allons essayer de le montrer en portant notre attention sur différents aspects de la réalité eschatologique de l'eucharistie.

Le point de départ de notre réflexion sera évidemment ce que le Christ a fait à la dernière Cène.

L'ACTE EUCHARISTIQUE DE JÉSUS À LA CÈNE

Le Seigneur « prit du pain et après avoir rendu grâce, il le rompit et le leur donna en disant : Ceci est mon corps donné pour vous » (Lc 22,19).

Après que Jésus a prononcé ces paroles, il est présent en son corps propre et, *à l'extérieur de celui-ci*, dans le pain qu'il tend aux assistants. Cette présence de Jésus *hors de lui-même* (si l'on peut dire) n'est possible que par l'amour. C'est l'amour qui fait sortir de soi et demeurer dans l'être aimé. Comme l'époux ne veut plus être qu'une seule chair avec son épouse, le Christ Jésus veut faire de ses disciples, de ses communiants, son corps. Le lien du corps eucharistique de Jésus (sa présence « dans » le pain : « *Ceci* est mon corps ») avec ce que nous appelons son corps mystique est clairement indiqué par saint Paul : « Puisqu'il y a un seul pain, nous sommes tous un seul corps ; car tous nous participons à cet unique pain » (1 Co 10,17).

Mais pour que Jésus puisse faire de nous son corps (mystique), il faut qu'il accepte de mourir à son corps particulier, limité.

Cette condition de la mort corporelle pour que Jésus puisse, au-delà de lui-même (le langage reste ici radicalement inadéquat), passer réellement dans le pain et, par le pain, dans les siens, pour faire d'eux son corps, apparaît de multiples façons dans les récits de l'institution de l'eucharistie : le pain est « rompu », le corps est « donné pour vous », le sang est « répandu ». La dernière Cène est une anticipation de la mort (et de la résurrection) du Christ et c'est seulement parce qu'elle est une telle anticipation que l'eucharistie (la présence du Christ à l'extérieur de lui-même, dans le pain et dans les siens) est possible.

Jésus tend aux siens le Pain où il s'est rendu présent. Il se livre à eux en toute liberté, et eux sont libres de prendre ou de ne pas prendre, d'accueillir ou de refuser, le don qu'il fait de sa présence en eux.

C'est la puissance de son amour extatique qui permet à Jésus, dès la Cène, de se rendre présent, « hors de lui-même », dans le pain, et de passer ainsi, librement et définitivement, et au Père et aux hommes (cf. Jn 13,1). Son amour est tellement fort et l'arrache tellement à lui-même qu'il arrive à « multiplier » réellement sa présence (si l'on peut ainsi parler). Car il est présent en chacun des morceaux de pain qu'il tend. Les explications du « miracle » de l'eucharistie sont souvent trop courtes : « Il était Dieu, dit-on ; il avait donc la puissance de se rendre présent dans le pain et dans le vin ». Mais on oublie souvent que cette puissance divine (effectivement reçue du Père par Jésus, en tant que Fils) est médiatisée par une conscience humaine. On ne voit pas assez que c'est aussi parce que *l'homme* Jésus nous aime d'amour jusqu'à en mourir et d'une manière purement extatique, que ce que nous appelons la « transsubstantiation » (la transformation du pain en corps du Christ, la présence réelle de Jésus dans le pain) est possible. Ce n'est pas là seulement un miracle de la puissance divine, c'est aussi un miracle de l'amour *humain* de Jésus pour son Père et pour nous. Pour que la transsubstantiation s'effectue, il faut que l'homme Jésus meure complètement à lui-même ; il faut qu'il *veuille* mourir pour nous par amour ; il faut que son cœur humain ne vive plus qu'en dehors de lui ; comme une extase subsistante, dans le Père et en nous.

Contempler l'hostie, c'est donc contempler et adorer un acte d'amour qui a parfaitement réussi. Si Jésus n'était pas réellement présent dans le pain, cela voudrait dire qu'il a essayé de sortir de lui-même, de mourir par amour ; de se rendre présent à l'extérieur de lui-même en ceux qu'il aimait, mais qu'il n'y est pas parvenu. Le dogme de la « présence réelle » porte sur la *réalité de l'amour du Christ pour nous*. Un être humain, Jésus, notre sauveur, quelqu'un de notre race, a pu aller jusqu'au bout de l'amour (cf. Jn 13,1 ; 17,4-6 ; 19,30). Il a pu ainsi se rendre présent en autrui autant qu'en lui-même. Le vœu de tout amour véritable est en lui parfaitement réalisé.

Cet amour, auquel je suis appelé à participer (« Celui qui me mangera vivra par moi » : Jn 6,57 ; « Comme je vous ai aimés, aimez-vous les uns les autres » : Jn 15,12), me dépasse pourtant totalement : c'est *l'Amour même*. Je ne puis espérer y participer qu'en l'adorant aussi hors de moi-même, reconnaissant ainsi pleinement qu'il est, lui seul, la *source* de l'amour, source que je ne suis pas. Si je ne l'adorais que dans son immanence en moi (au moment de la communion eucharistique), je risquerais peut-être d'oublier sa transcendance. Ma pratique de la communion eucharistique me conduit donc, pour que j'en respecte tout le mystère, à l'adoration de l'hostie, hors de moi. À l'extase de Jésus doit correspondre aussi une extase.

« LA MULTITUDE » (Is 53,12 ; Mt 26,28 ; Mc 14,24)

Nous venons de le dire, Jésus donne son corps eucharistique afin de faire, de ceux qui le mangent, son corps mystique. Celui-ci, dans le dessein du Père et de son Christ, doit intégrer toute l'humanité. Il déborde donc de beaucoup le cercle actuel des communiants. Pareille tension se laisse déjà déceler dans les récits d'institution de l'eucharistie chez Marc et chez Matthieu : « Il prit du pain..., le *leur* donna et dit : 'Prenez, ceci est mon corps'. Puis, il prit la coupe..., et il *leur* dit : '*Ceci* est mon sang, le sang de l'Alliance, *versé pour la multitude*' » (Mc 14,22-24). Au-delà du nombre restreint des participants à la Cène, l'Acte eucharistique de Jésus vise la multitude[3].

Le Christ a déjà fait le geste d'assumer tous les hommes dans son corps, il a déjà donné sa vie pour tous ; en lui, l'humanité tout entière est déjà potentiellement rassemblée dans l'unité. Mais tous les hommes ne sont pas encore intégrés à son Corps unique.

Le chapitre 6 de l'évangile de saint Jean met constamment en jeu le rapport de la foule immédiatement bénéficiaire du repas donné par le Christ à la multitude, et, pour tout dire, à la totalité qu'elle ne fait que préfigurer. Ce chapitre, on le sait, présente l'eucharistie comme la

---

[3] Selon la pensée sémitique, «la multitude» peut intégrer, sans le faire nécessairement, la totalité. L'intervention de la liberté humaine, qui doit s'ouvrir au salut donné, est ainsi sauvegardée.

réalisation déjà commencée du rassemblement de toute l'humanité dans le Christ, rassemblement qui avait été annoncé pour la fin des temps par les prophètes sous l'image du banquet messianique. La multiplication des pains (Jn 6,1-15) accomplit déjà cette prophétie tout en laissant désirer un autre Pain, dont Jésus parle en un long discours (Jn 6,26-63). Ce discours sur le Pain de vie, où Jésus déploie progressivement les principaux aspects du mystère de l'eucharistie, trouve un de ses fondements, sinon son fondement ultime, dans la volonté salvifique universelle de son Père : « La volonté de celui qui m'a envoyé est que *je ne perde rien de ce qu'il m'a donné* (il s'agit directement des croyants que le Père donne à Jésus), *mais que je le ressuscite au dernier jour* » (Jn 6,39)[4]. Ces paroles font immédiatement écho à ce qui avait été dit en « signe » (Jn 6,14) lors de la multiplication des pains : « Quand ils eurent mangé à leur faim, Jésus dit à ses disciples : 'Recueillez les morceaux qui restent, *afin que rien ne soit perdu*'. Ils les recueillirent et remplirent *douze couffins* avec les morceaux qui restaient des cinq pains d'orge » (Jn 6,12-13).

Les douze couffins évoquent les douze tribus d'Israël, c'est-à-dire Israël dans sa totalité. La foule immense que Jésus vient de rassasier n'est pas encore tout Israël. La totalité de celui-ci, figure de l'Église et de l'Humanité, n'a pu encore être rassemblée, mais cette totalité à venir, où plus rien ne sera perdu, peut dès à présent être représentée et symbolisée par ces douze couffins, puisqu'ils contiennent le surplus d'un repas qui, en toute vérité, constitue déjà une anticipation et un commencement du rassemblement de *tous*[5].

Nous expérimentons toujours, dans notre vie eucharistique, la même tension. Notre communauté – notre Église –, communie, mais cette communion n'égale pas encore le rassemblement de tous dans l'unité que le Christ s'est déjà acquise par son acte eucharistique. C'est pourquoi notre relation à l'eucharistie ne s'épuise pas dans la communion. Si nous voulons être adéquats à l'ampleur du mystère eucharistique, nous devons, au-delà de *notre* communion au corps et au sang, adorer la Présence réelle du Christ déjà en communion, elle, avec tous les hommes, *avec la multitude*.

---

[4] Cette parole fait irrésistiblement penser à celle qui conclut la parabole de la brebis perdue en saint Matthieu: *«De même, on ne veut pas, chez votre Père qui est aux cieux, qu'un seul de ces petits se perde»* (Mt 18,14).

[5] Nous avons développé d'autres aspects du chapitre 6 de saint Jean dans «La nourriture du ciel», dans *Pâque nouvelle*, 1996/2, p. 27-31.

En adorant l'hostie, nous contemplons en elle les multitudes que le Christ a déjà rassemblées par son sacrifice. Nous voyons, au-delà des communautés que nos célébrations liturgiques réunissent aujourd'hui, les foules immenses vers lesquelles nous sommes envoyés. Pour reprendre les images du quatrième évangile, nous levons les yeux et nous regardons les champs déjà blancs pour la moisson ; nous nous découvrons envoyés moissonner là où nous n'avons pas peiné, mais où Jésus, lui, a déjà peiné ; et nous voilà appelés à hériter du fruit de ses peines (cf. Jn 4,35-38). C'est ainsi que l'adoration de l'eucharistie alimente depuis des siècles le dynamisme missionnaire de l'Église. Si l'adoration eucharistique n'y était pas vécue, en prolongement de la célébration de la messe, l'Église ne serait-elle pas tentée de se replier sur elle-même et de ne plus apercevoir que la présence réelle du Christ demeure – parce qu'elle est celle du « Sauveur du *monde* » (Jn 4,42), dont la chair est livrée « pour la vie du *monde* » (Jn 6,51) –, *en avant d'elle- même*[6]?

LA RÉSURRECTION DE LA CHAIR

Nous venons d'évoquer le caractère eschatologique de l'eucharistie, à propos de la multitude déjà assumée en totalité par le Seigneur en son acte eucharistique.

Un autre aspect important de la réalité eschatologique de l'eucharistie nous est indiqué par les versets suivants de saint Jean : « La volonté de celui qui m'a envoyé est que je ne perde rien de ce qu'il m'a donné, mais *que je le ressuscite au dernier jour* » (Jn 6,39) ; « Ce pain est celui qui descend du ciel pour qu'on le mange et *ne meure pas* » (Jn 6,50) ; « Qui mange ma chair et boit mon sang *a la vie éternelle* et *je le ressusciterai au dernier jour* » (Jn 6,54). « (Ce pain) n'est pas comme celui qu'ont mangé nos pères : eux sont morts ; qui mangera ce pain *vivra à jamais* » (Jn 6,58).

Par sa participation à l'eucharistie, le croyant reçoit, dans le temps présent et dès ici-bas, la vie éternelle de Dieu, une vie plus forte que la mort, et sa chair elle-même, à travers l'acte de manger et de boire, l'acte d'assimiler la chair et le sang du Ressuscité et d'être ainsi assimilée par Lui, est introduite dès maintenant dans le monde de la résurrection. « À la

---

6 Le rapport de l'adoration eucharistique à la messe est aussi rapport à la Parole de Dieu. L'écoute ou la méditation silencieuse de l'Écriture devant l'hostie nous renvoie toujours à l'universalité du dessein de Dieu.

différence de la manne, écrit André Feuillet, la nourriture eucharistique doit mettre le fidèle en possession d'une vie éternelle sur laquelle la mort physique n'a aucune prise et qui doit s'épanouir à la fin des temps lors de la résurrection glorieuse »[7].

Pain d'immortalité et de résurrection, donné par Celui qui a vaincu la mort en livrant sa vie, et qui est maintenant ressuscité, à jamais vivant.

Quand nous communions, nous croyons que Celui qui vient « demeurer en nous » et qui nous donne de « demeurer en Lui » (Jn 6,56), nous communique la vie éternelle à travers le don de sa chair vivifiée par l'Esprit (cf. Jn 6,63). Nous croyons qu'il nous est donné de « demeurer », c'est-à-dire de subsister à jamais (à moins que nous n'y fassions radicalement obstacle), dans le « Moi » du Ressuscité. Mais nous savons aussi qu'en raison du péché, nous aurons à subir la mort corporelle, séparation de l'âme et du corps, séparation de l'élément spirituel et de l'élément matériel qui nous constituent. C'est pourquoi il nous est bon de contempler dans l'hostie le Ressuscité réellement présent dans un élément matériel : le pain. Nous trouvons ainsi l'assurance que la puissance du Ressuscité est telle qu'elle peut assumer, et sauver à jamais, même ce qu'il y a en nous de plus matériel et de plus fragile : la chair. Le Seigneur veut nous sauver tout entiers, âme *et corps*, esprit *et chair*. De nous, Il ne veut absolument rien « perdre », même pas cette pauvre chair qui, par elle-même, « comme l'herbe, se fane et sèche » (Is 40,7).

La présence réelle du Christ dans le pain est un gage de la résurrection de notre chair.

La contemplation du « Christ en nous » que nous pratiquons dans notre action de grâce après la communion appelle aussi la contemplation de « nous (chair et esprit) dans le Christ », que nous pratiquons à loisir dans l'adoration du Saint Sacrement.

L'ASSOMPTION DE L'UNIVERS MATÉRIEL DANS LE CHRIST

Le salut de Dieu concerne l'ensemble de la création. Dieu ne veut rien « perdre » de ce qu'Il a créé. À la parousie, l'univers matériel lui-même sera transformé et assumé de quelque manière dans le Corps de gloire du

---

[7] A. FEUILLET, *Le discours sur le Pain de vie* (coll. *Foi vivante*, 47), Paris, DDB, 1967, p. 43.

Ressuscité. Tout ayant été « créé dans le Christ » (Col 1,16), tout sera sauvé en lui.

Dans l'hostie, nous contemplons une parcelle de l'univers matériel, le pain, devenue le corps du Christ. Avec l'eucharistie, la parousie du Seigneur, c'est-à-dire sa présence totale dans les hommes et dans l'univers matériel, a déjà commencé. C'est pourquoi on a pu parler de « parousie sacramentelle » (Fr.-X. Durrwell) à propos de l'eucharistie.

Cet aspect du mystère eucharistique modifie profondément notre regard sur l'univers matériel et sur la nature.

En effet, pour l'*homo technicus* que nous sommes devenus, il y a grand risque que la nature ne soit plus qu'un « objet à mettre techniquement en œuvre », une chose à transformer, l'esclave que nous dominons. Notre rapport à la nature ne serait plus alors que celui d'un ouvrier, d'un maître dominateur et despotique. Pensons aux méfaits de l'ère industrielle, aujourd'hui dénoncés par l'écologie. L'univers ne serait plus objet de contemplation extasiée, source d'étonnement, d'inspiration et de poésie, épiphanie d'un mystère, parole de Dieu.

L'eucharistie nous préserve de ce danger. En elle, des éléments matériels sont « mis directement en relation avec Dieu ». L'eucharistie sauve le caractère de signe divin de la nature tout entière. Elle nous éduque à respecter et à révérer celle-ci comme lieu d'une épiphanie de Dieu. Elle nous permet de *contempler* encore la nature et de rester poète.

L'adoration eucharistique et la contemplation du Dieu qui apparaît dans le pain et le vin, renversent la position que nous prenons spontanément, dans notre culture, par rapport à la nature : position de domination. Ce renversement a une répercussion éthique considérable. Non seulement il nous fait considérer et traiter la nature tout autrement, mais en même temps, il transforme notre manière de nous rapporter à notre propre corps. Culturellement, en effet, l'homme d'aujourd'hui, considère spontanément son corps comme un « morceau de la nature » qu'il peut domestiquer, régir, transformer, comme il le fait pour le reste de l'univers matériel. Son corps n'est plus un signe, un chiffre de la transcendance.

CONCLUSION

Nous espérons avoir fait pressentir que notre participation à la messe appelle, loin de s'y opposer, l'adoration de l'eucharistie en dehors même de la messe. Il nous semble que l'adoration et l'exposition du Saint-

Sacrement, telles qu'elles se sont développées dans l'Église au Moyen Âge, ne sont pas le fait d'une mode passagère, d'un accent dévotionnel momentané et accidentel. N'apparaissent-elles pas au contraire comme un complément normal de la participation au sacrifice rédempteur du Christ?

Auteurs

Albert HOUSSIAU
ancien évêque de Liège, professeur émérite de la Faculté de théologie de l'Université catholique de Louvain (Louvain-la-Neuve)

André GOOSSENS
professeur au Séminaire d'Anvers

André HAQUIN
professeur à la Faculté de théologie de l'Université catholique de Louvain (Louvain-la-Neuve)

Paul DE CLERCK
professeur à l'Institut supérieur de liturgie à Paris

Ghislain PINCKERS
secrétaire général de la Commission interdiocésaine de pastorale liturgique

Peter D'HAESE
secrétaire général de l'Interdiocesane Commissie voor Liturgische Zielzorg

Leon LEMMENS
président du Séminaire de Hasselt

Dieudonné DUFRASNE
moine du Monastère Saint-André de Clerlande, Ottignies

Jozef LAMBERTS
professeur à la Faculté de théologie de la Katholieke Universiteit te Leuven

Michel T'Joen
prêtre du diocèse de Gand

Paul PAS
prêtre du diocèse d'Anvers

Jean-Pierre DELVILLE
professeur à la Faculté de théologie de l'Université catholique de Louvain (Louvain-la-Neuve)

Jean-Marie HENNAUX
professeur à l'Institut d'études théologiques de Bruxelles

Table des matières

PRINTED ON PERMANENT PAPER • IMPRIME SUR PAPIER PERMANENT • GEDRUKT OP DUURZAAM PAPIER - ISO 9706

N.V. PEETERS S.A., WAROTSTRAAT 50, B-3020 HERENT

PEETERS-LEUVEN

ISBN 90-429-1539-0

PEETERS